VORSICHT

DOOFHEIT

TEIL II

AF210046

Der zweite Versuch einer mehr oder
weniger umfassenden Darstellung der nun
tatsächlichen und auch sichtbaren
Verblödung und zunehmenden
Verdummung des Menschen

*Wer mit Dummköpfen kämpft, kann
keine großen Siege erringen*

Michelangelo

Es ist nun an der Zeit einen zweiten Teil der groben Bestandsaufnahme der menschlichen Verblödung zu präsentieren.

Nach wie vor und daran hat sich leider nichts geändert, ist es immer noch eine ganz grobkörnige Deskription der anhaltenden und immer größere Ausmaße annehmenden Verdummung der menschlichen Spezies auf diesem Planeten Erde. Konnte man es anfänglich noch unter der Rubrik Comedy mit einigem guten Willen und fest zugedrückten Augen einordnen, so ist jetzt der Zeitpunkt gekommen wo selbst die christliche Nächstenliebe und der abendländische Humanismus an ihre weiten Grenzen stoßen.

Leider ist es nicht so wie es einst Wilhelm Busch formulierte, *dass jeder von uns einmal dumme Gedanken hat und nur der Weise sie verschweigen würde*; denn dies ist absolut nicht der Fall.

Wie schon im ersten Teil von Vorsicht Doofheit postuliert, kann ich wiederum nur ganz signifikante und auch für die mentalen Myopiker, denen praktisch dieses Buch gewidmet ist, ganz evidente Verblödungen anführen.

Natürlicherweise sind die Quantitäten der Verblödung mittlerweile ins Uferlose abgeglitten, so dass ich hier selbstverständlich nur wieder selektieren konnte und auch mußte.

So ist die vollkommene und vermutlich auch irreperable Verdummung in den sogenannten sozialen Medien überhaupt nicht mehr realistisch zu benennen; zu benennen schon aber es läßt sich absolut nicht mehr erklären.

Die Strukturen des Common Sense[1] haben sich schon längst aufgelöst so das der absoluten Verblödung keine Grenzen mehr gesetzt sind.

Da wird in den einschlägigen viralen Kanälen die hinlänglich bekannt sein dürften ein Wust an tatsächlichen realen Handlungen gezeigt, das dem Niveau und Format eines Würstchenstandes auf einer Kirmes nicht gereichen würde.

Von Backen über Kochen bis hin zu narzisstischen Teenagern die ihren öden langweiligen Tagesablauf per Smartphone ins Internet setzen oder selbsternannte Entertainer die sich auch noch als Influencer bezeichnen ist jedweder Schwachsinn vorhanden.

Hier allerdings liegen schon schwerste Störungen der Intelligenz vor, die früher als Idiotie bezeichnet wurden. Aber auch diejenigen, die als Follower bezeichnet werden

---

1   Common Sense bezeichnet den gesunden
    Menschenverstand

dürften einen analogen Intelligenzquotienten aufweisen; falls hier überhaupt noch etwas messbar ist.

Vom sogenannten Bürgergeld, dem suspekten Klimaschutz (was will wer eigentlich noch schützen?) dem angeblichen Rechtsextremismus in Deutschland, diesem infantilen diskutieren über LBTQ, gendern, dem quiersein und anderen vorpubertären Problemchen.

Doch zunächst einige Sätze pro domo, wenn man so will.

Im ersten Teil von Vorsicht Doofheit hatte ich geschrieben, dass bspw. Die Autobahnen von den Nationalsozialisten gebaut wurden.

Tatsächlich existierte vorher schon die sog. AVUS *Automobil-Verkehrs und Übungsstraße* in Berlin. Allerdings handelte es sich hier um eine wenige Kilometer lange Strecke die auch erst ab 1940 für den öffentlichen Verkehr freigegeben wurde.

Konrad Hermann Joseph Adenauer , der erste christdemokratische Bundeskanzler, unter dessen Beteiligung 1929 die rund 20 km lange *Kölnische Provinzialstraße* gebaut wurde, war aber alles andere als eine Autobahn im heutigen Sinne.

Erst die von den Nazis gebauten **deutschen** Autobahnen bildeten und bilden die heute gebräuchliche Bezeichnung für eine Autobahn mit ihren spezifischen Eigenschaften. Punkt. Und übrigens: Der damalige Oberbürgermeister von Köln und spätere Kanzler Adenauer, ein entschiedener Gegner der Nazis hat dann aber doch nicht auf monatliche Zahlungen in Höhe von 1000 Reichsmark dankend verzichtet; die ihm natürlich zustanden. Bezahlt aber von den Nazis. Da scheint er seinen legendären Spruch

Was kümmert mich mein Geschwätz von Gestern

doch kurzzeitig mal vergessen zu haben. Punkt.

Alles andere wie im ersten Teil erwähnt ist immer noch up to date, sozusagen, wie gleich zu lesen sein wird.

Der erste Mai-Feiertag wurde als „Tag der nationalen Arbeit" ab 1933 von den Nationalsozialisten zum gesetzlichen Feiertag deklariert.

Die Krankenversicherung der Rentner wurde 1941 per Reichsgesetz eingeführt.

Das grundsätzliche Anrecht auf Kindergeld wurde unter den Nazis eingeführt, zur damaligen Zeit noch als „Kinderbeihilfe" bezeichnet.

Eine grundlegende Reformierung des Studienfaches Psychologie geht ebenfalls federführend auf die Nationalsozialisten zurück.

Mit welchem Wortlaut auch immer wurde 1939 das Helpraktikergesetz auf den Weg gebracht.

1933 wurde der Muttertag von den Nazis eingeführt und zum offiziellen Feiertag erklärt.

Eine wichtige und bis heute bestehende nationalsozialistische "Erfindung" ist die Einführung des Tatbestands der „Heimtücke„ ins Strafgesetzbuch. Der Präsident des Volksgerichtshofes, Roland Freisler, konzipierte mithilfe dieses Begriffes das Strafrecht bei Mord neu. Grundsätzlich galt nun, dass bei Mord die Todesstrafe gefällt werden musste. Der Richter hatte nicht mehr die Tat zu beurteilen, sondern den "Tätertyp„.

Die heutige Auslegung des Aspektes der „Heimtücke„ in § 211 des Strafgesetzbuches (StGB) ist stark umstritten, das Bundesverfassungsgericht hat 1977 erhebliche Kritik geübt. Zuletzt ist 2016 Heiko Maas als Justizminister mit einem Reformversuch gescheitert - der von den Nazis geprägte „Heimtücke„-Begriff ist nach wie vor ein *„braunes Relikt im deutschen Strafrecht„* (Süddeutsche Zeitung).

https://web.de/magazine/wissen/geschichte/muttertag-meisterzwang-lebt-erbe-nazis-fort-33727738

Auch die seit den 30er-Jahren geltende Regelung der Kirchensteuer wird immer wieder kritisiert. 1934 führten die Nationalsozialisten den Einzug der Kirchensteuer durch die Arbeitgeber ein. Seit damals wird die Steuer direkt vom Arbeitsentgelt abgezogen. Das 1933 geschlossene "Reichskonkordat" zwischen

Hitler-Deutschland und den Kirchen ist in großen Teilen bis heute gültig. Dass ein säkularer Staat in solch einer zentralen Angelegenheit direkt die Anliegen religiöser Gruppen mitübernimmt, ist nicht nur in den Augen von Kirchenkritikern verfassungsrechtlich problematisch.

https://web.de/magazine/wissen/geschichte/muttertag-meisterzwang-lebt-erbe-nazis-fort-33727738

Für das Handwerk in der Bundesrepublik spielt eine Regelung aus der NS-Zeit noch immer eine wichtige Rolle: Der sogenannte Meisterzwang. Selbständig arbeiten durfte im Nationalsozialismus nur, wer einen Meisterbrief vorzuweisen hatte. Ideologisches Ziel der Nazis: Die Arbeitswelt sollte „ständisch„ organisiert sein. Zwar schafften die Amerikaner diese Regelung nach dem zweiten Weltkrieg ab, die Bundesregierung setzte sie aber 1953 im „Gesetz zur Ordnung des Handwerks„ wieder in Kraft. Die Regelung, auch wenn sie längst nicht mehr für alle Handwerksberufe gilt, wird als ungerechte "Marktzugangshürde" kritisiert, weil sie es beispielsweise gut ausgebildeten Gesellen unmöglich macht, sich selbständig Arbeit zu suchen.

https://web.de/magazine/wissen/geschichte/muttertag-meisterzwang-lebt-erbe-nazis-fort-33727738

"Erfunden" wurde der Muttertag in den USA schon zu Beginn des 20. Jahrhunderts - 1914 beging man ihn dort zum ersten Mal als "nationalen Feiertag". In Deutschland war er zunächst lediglich eine erfolgreiche Geschäftsidee der Blumenhändler - doch 1933 wurde der Muttertag von den Nazis vereinnahmt und zum offiziellen Feiertag erklärt […]

https://web.de/magazine/wissen/geschichte/muttertag-meisterzwang-lebt-erbe-nazis-fort-337277

Nur noch eines: Beim Ehegattensplitting hatten die Nationalsozialisten ebenfalls ihre Finger mit im Spiel. Noch etwas zum Thema. Meist als Narrativ wird immer erläutert, dass Adolf Hitler den Nationalsozialismus begründet hätte. Völliger Nonsens, Quatsch.

*Der **Nationalsozialismus** ist eine radikal antisemitische, rassistische, ultranationalistische, völkische, sozialdarwinistische, antikommunistische, antidemokratische und antipluralistische Ideologie. Seine Wurzeln hat er in der völkischen Bewegung, die sich etwa zu Beginn der 1880er Jahre im deutschen Kaiserreich und in Österreich-Ungarn entwickelte. Ab 1919, nach dem Ersten Weltkrieg, wurde er zu einer eigenständigen politischen Bewegung im deutschsprachigen Raum.*

Die 1920 gegründete Nationalsozialistische Deutsche Arbeiterpartei (kurz NSDAP) gelangte unter Adolf Hitler am 30. Januar 1933 in Deutschland zur Macht, wandelte die Weimarer Republik durch Terror, Rechtsbrüche und die so genannte Gleichschaltung in die Diktatur des NS-Staats um. Dieser löste 1939 mit dem Überfall auf Polen den Zweiten Weltkrieg aus, in dessen Verlauf die Nationalsozialisten und ihre Kollaborateure zahlreiche Kriegsverbrechen und Massenmorde verübten, darunter den

Holocaust an etwa sechs Millionen europäischen Juden und den Porajmos an den europäischen Roma. Die Zeit des Nationalsozialismus endete mit der bedingungslosen Kapitulation der Wehrmacht am 8. Mai 1945.

Im Zeichen der Bewältigung der NS-Vergangenheit sind seit 1945 NS-Propaganda, das Verwenden damaliger Symbole und politische Betätigung im nationalsozialistischen Sinn in Deutschland und Österreich verboten. In weiteren Staaten bestehen ähnliche Verbote. Neonazis und andere Rechtsextremisten vertreten weiterhin nationalsozialistische oder damit verwandte Ideen und Ziele. In der NS-Forschung ist umstritten, ob der Nationalsozialismus mit verallgemeinernden Begriffen wie Faschismus oder Totalitarismus beschrieben werden kann oder ob es sich um ein singuläres Phänomen handelt [...]

https://de.wikipedia.org/wiki/Nationalsozialismus

Hinweis in eigener Sache: Ich bin weder rechts oder links, mittig, nach oben oder unten ausgerichtet, sondern nur ein Suchender der auf dem Pfad der Wahrheitsliebe einigermaßen zu wandeln versucht. Mit Verblödung ist hier nicht zwangsläufig der populäre Begriff gemeint, der in etwa gleichzusetzen wäre mit Idiotie, Schwachsinn oder anderen netten Umschreibungen, mit denen wir hin und wieder unsere Zeitgenossen oder manchen anderen Umstand betiteln, was allerdings eine <u>zutiefst menschliche Komponente ausdrückt.</u> Verblödung im Kontext dieses Buches ist als eine tatsächliche mentale Abstumpfung zu bewerten,wenn von neuen und/ oder rationaleren Behauptungen und Beweisen trotz allem an alten Strukturen und Aspekten rigide festgehalten wird. Bevor ich aber in Details geh müssen wir einmal klären, wer oder was Sie und Ich sind; denn erst dadurch erklärt sich evtl. die Tatsache das die menschliche Spezies im Gegensatz zum Tierreich absolut am Verdummen ist. Die nächsten dargestellten psycho-sozialen Perspektiven sollen darüber einen ersten Aufschluß geben. Doch lesen sie selbst, was sie da morgens im Badezimmer-Spiegel zu sehen bekommen.

Das Ich

oder

Denke Ich nur das ich ein Ich bin?

Glauben Sie an Zufälle oder Glück? Nein? Dann gehören Sie zu den Menschen[2] die denken sie wären etwas besonderes oder würden gar etwas einzigartiges darstellen? Sie sind der festen und unerschütterlichen Meinung dieses Buch lesen zu wollen wäre alles andere als purer Zufall und würde natürlich ihrem hochentwickelten Gespür für das gewisse Etwas entspringen?

Denken Sie auch tatsächlich an die schöne Mär das Sie existieren weil es so gewollt ist oder vermuten Sie gar einen tieferen Sinn hinter Ihrem Dasein?

Dann muß ich Sie schon nach diesen wenigen Zeilen enttäuschen; Nein, Sie sind nicht außergewöhnlich oder ein unabhängiger selbstbestimmter Freigeist auf den die Welt gewartet hat.

---

2   Die geschlechtsspezifische Differenzierung ist vom Leser/der Leserin selbst vorzunehmen.

Sie und Ich sind nichts weiter als ein Produkt aus puren Zufällen und, im günstigsten Fall, aus reinem Glück.

Weiße bengalische Tiger sind extraordinär oder Rohdiamanten mit fünftausend Karat Gewicht wären außergewöhnlich; aber Wir Sie und Ich? Rund acht Milliarden Exemplare auf einem für diese Masse viel zu kleinen Planeten? Ich bitte Sie!

Sind sie immer noch der Meinung Sie seien trotzdem ein Individuum exorbitanter Güte?

Keine Angst, den Gegenbeweis das Sie es nicht sind, werde ich schon antreten.

Es tut mir leid (wenn auch nur bedingt), Ihnen dies so schroff und dennoch absolut frei von emotionalen Einflüssen und somit relativ objektiv auf Ihren ``besonderen`` Lebensweg mitgeben zu müssen.

Das Sie ein bemerkenswerter Mensch sind existiert nur in Ihren Hirnwindungen und denen Ihres Partner oder Partnerin, gleichwohl noch in der Vorstellungswelt Ihres Arbeitgebers, um Sie bei Laune zu halten und um natürlich Ihre ach so wertvolle und unersetzliche Arbeitskraft nutzen zu dürfen.

Machen Sie sich doch nichts selber vor und glauben an die grenzenlose Heilkraft der

Hightech-Medizin die fast alles macht und nur wenig kann.

Verharren Sie weiterhin im Glauben an die schöne Illusion das Sie sicher und frei leben würden.

Meinen Sie im Ernst, ein schönes Auto und noch dazu mit angeblichem umweltfreundlichen Elektroantrieb, eine tolle Loft Wohnung und ein prächtiges Gehalt, dazu ein paar gute Freunde zum Kegeln oder Joggen im langweiligen Stadtpark machen Ihr Dasein aus?

Der große Dichter und Zeichner Wilhelm Busch kann Ihnen in der Hinsicht zumindest etwas Hoffnung geben

Dummheit ist auch eine natürliche Begabung.

(https://zitatezumnachdenken.com/wilhelm-busch/528 Aufruf 11/2020)

Okay, man kann es so oder auch anders sehen.

Natürlich, dass wissen selbst Sie, kommt es nur auf die Perspektive an. Oder?

Beim morgendlichen ersten Blick in den Bade-zimmer-Spiegel empfinden Sie sich als ausgesprochen schön, hübsch, smart oder markant um nur einige wohlfeile Umschreibungen zu nennen.

Was Sie aber da mit Süffisanz betrachten ist nur eine Hülle aus chemischen Elementen und geldwertig betrachtet allenfalls ein paar Euro teuer. Punkt!

Ja, mehr ist nicht. Es sei denn, Sie berechnen noch Ihren Gegenwert hinsichtlich der Hormone, Enzyme,

Transmitter und anderer Stoffe hinzu, die Sie zu dem machen, was Sie sind. Dann blättert Ihnen der Apotheker ein paar Scheine mehr auf den Ladentisch.

Doch reich werden Sie damit auch nicht.

Ach ja, Sie meinen mehr Ihre mentalen, psychischen oder wie auch immer in diese Richtung gearteten Qualitäten würden Ihrer Persönlichkeit entsprechen?

Aber sicher, ganz bestimmt, und natürlich als Krone der Schöpfung sehen wir da mehr: Unser Ich, unser Selbst oder dieses abstrakte Etwas, dass wir darstellen wollen oder müssen, diese schlüpfrigen Deutungen der Psychologie oder ihrer vermeintlich gebildeteren Schwester der Philosophie, die unsere Fantasie noch nähren wir seien eine ganz besondere Spezies.

Das Ich, dieses aus ein paar Träumen, Fantasien und Gefühlen gezimmerte Selbstbild, dieser subjektive und synchron scheinbar reale Bewusstseinszustand existiert gar nicht; außer natürlich in unseren Gehirnen und dort in irgendwelchen Gebilden und Formationen, die feine anatomische Namen tragen und dennoch hinsichtlich ihrer Funktion nicht mehr als pure Spekulation hergeben. Mit etwas Wohlwollen kann man noch von Theorie sprechen und da hört der Spaß schon auf. Denn auf diesem Gebiet, nennen Sie es Neurowissenschaften, Neurobiologie oder schlicht Hirnforschung steht so gut wie nichts fest. Punkt.

Ja, da könne Sie nun schauen wie Sie wollen und empört den PC anwerfen um bei Google nachzusehen. Sie werden keine andere Antwort finden.

Um es zunächst einmal sehr salopp zu formulieren:

Schminken Sie sich ganz schnell die Idee ab, Sie wären oder hätten eine unvergleichliche und einzigartige Persönlichkeit. Nur Ihr selbstgefällig dreinblickendes Gesicht vermittelt Ihnen diesen schönen und bequemen Eindruck.Weder Sie noch Ich besaßen jemals ein *persönliches Selbst* oder sind es gar. Alles Mummpitz, Quatsch und Unsinn!

Das was wir besitzen ist ein Gehirn welches uns durch das Leben begleitet, eine Vielzahl von Funktionen generiert und sich selbst dabei beobachten kann, sozusagen die Fähigkeit zum Scannen besitzt. Mehr herauszuholen ist hier schon wieder nichts. Um es ganz simpel zu deskribieren; Sie und Ich agieren und reagieren auf bestimmte Situationen und ihr rund 1,5 kg schweres Gehirn suggeriert Ihnen, jenes sei gut für ihr weiteres Leben und das andere eben nicht.

Nur in den völlig übersättigten und konventionalistischen meist westlichen, sogenannten Kulturen kam man durch Philosophaster zu der *weisen* Erkenntnis, der Mensch und seine Physis seien etwas besonderes.

Zum Zeitpunkt unserer Geburt, wenn wir scheinbar heranreifen um im günstigsten Fall eine *gestandene* Persönlichkeit nach Ansicht ihrer vielen Mitmenschen darstellen, so hat das wenig mit Genetik oder anderen dubiosen biologischen oder biochemischen Faktoren zu tun, sondern zum einen mit dem ungeliebten und teilweise verleugneten Zufall, zum anderen mit den äußeren Bedingungen unter denen Sie ein *ganzer* Mensch werden.

Schon vor der ersten Konfrontation ihrer Augen mit dem Erdenlicht, noch bevor Sie den Geburtskanal ihrer Mutter verlassen haben, besitzen Sie nur noch fünfzig Prozent an Chancen etwas zu werden. Die andere Hälfte ist bereits durch Ihren Namen vertilgt worden. Ich sage da nichts Neues.

Denn, ob Sie nun als Meier, Müller oder Schmitz die ersten grellen Lichtstrahlen dieser Welt erblicken oder einen Vater, Opa oder Onkel mit dem Namen Siemens, Krupp oder Porsche vorweisen können ist für Ihren weiteren Lebensweg von eminenter, Ja vitaler Bedeutung, um es theatralisch auszudrücken. Selbstverständlich!

Nein, natürlich nicht, sind Sie der naiven und, Pardon, infantilen und dümmlichen Meinung?

Sie gehören dann auch noch zu der Rubrik jener die denken, mit Fleiß, Ausdauer und harter Arbeit könnten Sie und Ich etwas erreichen? Eine Schnapsidee, wie sich noch herausstellen wird.

Wissen Sie denn immer noch nicht, das statistisch gesehen rd. 85 % aller Vermögen in deutschen Landen vererbt wurden, diese Glücklichen also durch ein oder mehrere Blätter Papier namens Testament in die spirituellen Sphären der vermeintlichen Einzigartigkeit katapultiert wurden? Ohne jemals zuvor auch nur ansatzweise einen einzigen salzigen Tropfen Schweiß produziert zu haben.

Viel Glück gehabt, so einen tüchtigen und gleichsam *glücklichen* Papa oder Großvater, meinetwegen auch die Mama oder Großmutter, um (was immer dieser Unfug mit dem gendern soll), auch Geschlechtsneutral zu bleiben, in den eigenen familiären Banden aufweisen zu können,

Für den liebreizenden Sohnemann oder die ebenso geliebte Filia ist dann für den ersten Schritt ins zukünftige Leben gesorgt,

Abitur, Studium: Kein Problem. Für die Stützen und Hilfen ist alles angelegt und handverlesen. Opa und Omi sei Dank. Es wird sich im Ruhme gesonnt, ist erst mal das Abi geschafft. Wow, was für eine Leistung, die **jeder Hans Wurst** mit anatomisch normal ausgeprägten Hirnstrukturen spielend erbringen könnte und auch kann.

Das anschließende prestigehaltige Studium ist dann auch kein Problem. Jedenfalls finanziell nicht. Denn ebenso wie der bereits erwähnte hohe Schulabschluss braucht man auch zu diesem Zwecke keine nennenswerten intellektuellen Ressourcen.

Die von Mutter Natur mitgegebene Möglichkeit reicht bei weitem aus.

Um dies hier mit Mark Twain abzuschließen

Das einzig Intelligente an ihm ist sein Weisheitszahn.

Wie hätten Sie es denn gerne? Wollen Sie sich lieber als „*Ich*" bezeichnen oder doch eher als (mein „*Selbst*"?). Suchen Sie es sich in aller Ruhe aus. Allerdings, welchen dieser Begriffe Sie auch auswählen um damit Ihre Persönlichkeit oder anders gesagt Ihre Person zu benennen, ist eigentlich egal. Denn offensichtlich existieren Sie und Ich gar nicht. Alles nur ein Illusion, so z.B. Der Buddhismus, zu dem ich später noch kommen werde. Doch nicht nur die buddhistischen Lehren haben da ihre, nun ja, schlagenden Argumente. Nehmen Sie das Gebiet der Elektronenmikroskopie. Irgendwann ist die Auflösung so groß, dass Sie praktisch nur noch die Atome, ja, mehr erahnen als sehen. Praktisch sehen sie nichts. Denn die noch kleineren Quarks und ihre Kollegen bis hin zu den sog. Präonen...

Ich breche mal an dieser Stelle ab. Fazit daraus: Unter einem Elektronenmikroskop würde man uns nicht sehen. Grob gesagt. Wie einfach und geradezu infantil sich hier Quantenphysik und der Begriff der Leerheit im Buddhismus sich ergänzen und als kompatibel erweisen.
Sie sind immer noch der festen Überzeugung eine autarke und eigenständige Persönlichkeit zu sein?
Dann geht es auch etwas wissenschaftlicher.
Ganz wie Sie es wünschen.

*Die Entwicklung der Persönlichkeit folgt
keiner inneren Logik und keinem im Vorhinein
angelegten
(genetischen oder göttlichen) Plan. Sie
vollzieht sich vielmehr in ständiger Interaktion
mit der Umwelt, was dem Zufall ein großes
Einfallstor öffnet und weshalb eine Änderung
der äußeren Be-
dingungen eine derart dramatische Wandlung
von eingeübten Verhaltensweisen bewirken
kann, dass sie von Dritten gerne als „eine
komplette Veränderung der Persönlichkeit"
interpretiert wird, obwohl sie eher ein
deutlicher Hinweis darauf ist, dass es
überhaupt keine Persönlichkeit gibt. Und
wenn wir überzeugt sind, dass wir selbst im
Milgram-Experiment niemals die vermeintlich
tödlichen Stromschläge ausgeteilt und uns
niemals diensteifrig unter Hitlers Nazi-
Schergen eingereiht hätten, könnte dies ein
großer Irrtum sein.*

*Niels Birbaumer-
DEIN GEHIRN WEISS MEHR ALS DU DENKST-
Ullstein Verlag Berlin 2014 S. 33
TASCHENBUCHAUSGABE*

25

Als gebildete und gereifte Persönlichkeit werden Sie wohl in der Lage sein, selbst zu recherchieren, wer Herr Niels Birbaumer und das Milgram-Experiment darstellt. Adolf Hitler dürfte Ihnen ja wohl ein Begriff sein. Ich muß Ihnen nun wirklich nicht alles erklären. Als Homo sapiens, technicus oder wie auch immer haben Sie doch den kulturellen Bachground.

Oder etwa nicht? Und Sie sind auch noch mächtig stolz auf diesen Background, auf diese Kultur, auf diese menschliche Errungenschaft, die dazu beiträgt, dass die gesamte Menschheit fast am Rande ihrer weiteren Existenz steht, Stichwort Klimwandel.

Die festen Willens ist, mit ein paar Elektroautos und Windkrafträdern das Klima beeinflussen zu können? Die, wie der unerschütterliche Glaube an einen gütigen und allwissenden Gottvater meint, sie könne mit der Produktion von ein paar Plastiktüten weniger und dem Verzicht auf Umverpackungen die Weltmeere retten?

Die zusieht, wie täglich rd.24000 Menschen an bloßem Hunger sterben und zuschaut, dass immer noch Zahnstocher aus Holz produziert werden und im gleichen Atemzug verkündet, man werde vermehrt Zahnstocher aus Kunststoff herstellen, wegen der Umwelt ?!

Doch um nicht mögliche Aussagen dieses Buches vorwegzunehmen, zunächst zurück zum Thema.

Es ist schon erstaunlich, wie sich der Buddhismus und die wissenschaftliche Hirnforschung ergänzen.

Darum ist es unerlässlich, etwas über diesen spirituellen Ansatz zu berichten und spezielle Äußerungen darzustellen.

Als etwa im Jahre 560 v. Chr. Der Begründer des Buddhismus, ein Mann namens Gautama oder auch Siddharta, in einer scheinbar adeligen, wohlsituierten familiären Umgebung geboren wurde, mangelte es ihm zunächst an nichts. Höchstwahrscheinlich dachte er auch nicht im Traume daran, dass man ihn eines Tages einmal den „*Erleuchteten*" oder auch „*Erwachten*" nennen würde.

So schlenderte er dann durch sein sorgenfreies, anfängliches Leben und ließ Gott Indra einen guten Herrscher sein. Schließlich heiratete er und war bald Vater eines kleinen Sohnes.

Allerdings muß er nach der Geburt seines Jungen mit Namen Rahula dessen Namensbedeutung, nämlich „Fessel", allzu wörtlich genommen haben, um dann sang-und klanglos ihn und seine Mutter zu verlassen um in den weiten Auen des mächtigen Ganges-Flusses den Worten weiser Lehrer und Gurus zu lauschen.

So bevorzugte er schließlich das Leben eines Asketen auf der mühseligen Suche nach den wahren Dingen des Seins und war sich selbst zum Betteln nicht zu schade.

Das Ziel der buddhistischen Perspektive ist letztlich das Erlangen des *Nirwana,* jenem Bewusstseinszustand den selbst die Buddhisten nicht so glasklar definieren können. Denn einmal ist es vollkommene Ruhe und Glück, ein anderes Mal das Erlöschen von allen Vorstellungen, das Sein löst sich auf, es gibt kein Karma und keine Wiedergeburt mehr…

Damit endet hier meine kurze Reise in die Welt des Buddhismus, allerdings nicht ohne einen allgemeinen Überblick über diese Religion zu geben.

Noch ein Hinweis: Vergessen Sie beim weiteren Lesen des Buches nie das Beispiel mi dem Elektronenmikroskop.

Die Gundlagen von Buddhas Lehre

Buddha erklärte, wie die Welt funktioniert - also was letztendlich wirklich und was bedingt ist. Dieses Verständnis ermöglicht das Erleben dauerhaften Glücks. Es gibt Leid: Solange der Geist sich nicht selbst erkannt hat, gehört zum Leben zwar Freude, aber auch Leid. Insbesondere Alter, Krankheit und Tod sind unvermeidbar und werden als leidvoll erlebt.

Leid hat eine Ursache: Es gibt Ursachen, warum der Geist sich nicht selbst erkennt und man nicht dauerhaftes Glück erlebt.

Es gibt ein Ende des Leids: Jeder kann seinen Geist erkennen und damit den Zustand des Leidens beenden und dauerhaftes Glück erfahren (Zustand der Erleuchtung).

Es gibt einen Weg zum Ende des Leids: Buddha hat über 45 Jahren gelehrt, wie man sich auf dem Weg zur Erleuchtung machen kann und letztendlich dauerhaftes Glück erfährt.

Dabei kennt Buddhas Lehre keine Dogmen - nichts muss geglaubt oder ohne Prüfung vorausgesetzt werden. Ihr Ziel ist die volle Entfaltung der einem jeden innewohnenden Möglichkeiten. Zum Aufbau von Wissen hinzu kommen Meditationen als das praktische Mittel, um dauerhaftes Glück zu erreichen: Durch sie wird das Verstandene zur eigenen Erfahrung. Ergänzend achtet man vor allem im Theravada darauf, leidbringendes Verhalten zu vermeiden. Im Mahayana verschiebt sich dieser Schwerpunkt auf die Vermeidung von Zorn, im Varayana darauf, die Welt stets aus einer reichen und selbstbefreienden Sichtweise heraus zu erfahren.

Ausgehend vom Wirken des historischen Buddha entwickelte sich der Buddhismus zu einer Weltreligion mit ununterbrochener Überlieferung. Sie wendet sich an alle suchenden Menschen. Dabei stellt sie den Menschen immer in seine eigene Verantwortung (siehe Ursache und

Wirkung). Sie zeichnet sich zudem durch Toleranz und Gewaltlosigkeit aus.

Karma ist ein zentraler Begriff im Buddhismus. Er bedeutet nicht Schicksal, sondern das Zusammenwirken von Ursache und Wirkung: Jeder ist für sein eigenes Leben verantwortlich. Dieses Verständnis ermöglicht es, durch bewusstes Handeln Eindrücke im Geist aufzubauen, die zu Glück führen und künftiges Leid vermeiden.

Damit hängt jedoch keine gleichgültige Einstellung gegenüber dem Leid anderer zusammen, denn ein Buddhist geht davon aus, dass alle Menschen ständig aus dem Streben nach Glück heraus handeln. Der Grund für leidbringende Handlungen wie Töten, Diebstahl, sexueller Missbrauch oder Betrug liegt darum nicht in etwaiger "Bosheit", sondern darin, dass sich die Handelnden der Gesetzmäßigkeit von Ursache und Wirkung nicht bewusst sind.

Wer Leid erlebt, hat sich also die Ursachen dafür in der Vergangenheit selbst geschaffen.

Dies ist jedoch aus Unwissenheit geschehen und kann jetzt nicht mehr rückgängig gemacht werden. Darum sollte ein Buddhist unvoreingenommen und couragiert helfen, wo immer es möglich ist.

Im Vajrayana lässt sich Karma, das noch nicht in Form von Erlebnissen reif geworden ist, verändern: Positives kann verstärkt, Negatives abgebaut werden.

https://buddhismus.de/grundlagen/ Aufruf 09/2022

Soweit also eine Interpretation über den Buddhismus.

Aber auch das scheint Sie als intellektuellen modernen Europäer nicht sonderlich zu beeindrucken.

Sie stellen sich bestimmt jetzt die Frage: *Ja und, was will dieser eigenartige Autor denn jetzt von mir hören? Das Ich nun nach der tollen und gleichsam langweiligen Textpassage über den Buddhismus zum selbigen konvertiere, um auf den weisen Spuren des Buddha oder einem seiner Vertreter zu wandeln? Nö, ganz bestimmt nicht. Dafür haben die gemachten Aussagen wenig gereicht. Auch die Einlassung von irgendeinem Hirnforscher hat mich bis jetzt nicht wirklich tangiert.*

Sie sind von der ganz harten Sorte, wie?

Ein Homo Technicus durch und durch.

Doch schon diese wenigen Bemerkungen von mir haben in Ihnen schon etwas bewirkt: Nämlich die Tatsache, dass, wenn immer mehr Argumente Ihre starren Gedankengänge überfluten, Sie beginnen, alles mit enormer und teilweise übertriebener Vehemenz zu verteidigen. Und dies ist wiederum ein untrügliches Zeichen dafür, dass Ihre äußerst fragile Gedankenwelt anfängt, Risse zu bekommen. Wetten?

Zum besseren Verständnis und um es einfacher darstellen zu können, muß ich noch etwas ausholen. Das wird zwar Ihre intellektuellen Gedankengänge strapazieren, doch kümmern mag mich das wenig.

Glauben Sie tatsächlich daran, die Vergangenheit restaurieren zu können?

Denken Sie wirklich ernsthaft, das elektrische Autos auch nur einen Millimeter Eis am Nord- oder am dahinschmelzenden- Südpol erstarren lassen?

Wo leben Sie denn? Sie sind auch so einer, der absolut davon überzeugt ist, dass Windkrafträder und andere Energiequellen eines nicht fossilen Ursprungs einen Klimawandel aufhalten kann? Wir haben es nicht mit einem *Klimawandel* zu tun, sondern mit einer *Änderung des Klimas*, wie es der Planet Erde von Anbeginn bis Heute sukzessive erfährt. Auch ohne das zerstörerische Eingreifen des Menschen in natürliche Systeme, was das Ganze allerdings etwas forciert hat. Hatten Sie wirklich geglaubt, Europa würde keinen Krieg mehr vor der eigenen Haustüre sehen? Nun, die Balkan-Krise und jetzt der Krieg in der

Ukraine, den eigentlich jeder Stammtischpolitiker absehen konnte, belehren uns etwas anderes.

Aber Sie glauben noch an den Osterhasen, oder?

Denken Sie auch…

Nein, schon wieder muß ich mich selber zur Ordnung rufen, um nicht allzu faktiös zu wirken.

Ich möchte Sie ja nun mit reinen Fakten überzeugen und meine persönliche Meinung darlegen, Denn die ist soviel Wert wie die Ihrige. Oder auch nicht.

Also zurück zum Ich, der Persönlichkeit, dem Selbst, oder wie immer Sie sich bezeichnen wollen.

Ad nauseam usque, lautet ab jetzt die Maxime.

Demzufolge darf ich Ihnen jetzt einen wissenschaftlichen *Batzen* vorlegen, der zwar aus dem Jahr 2004 stammt, allerdings bis zum heutigen Tage nichts an seiner Aussagekraft eingebüßt hat, wie Sie danach noch lesen werden. Denn die im neurowissenschaftlichen Manifest gemachten Bestandsaufnahmen sind fast identisch mit dem aktuellen Status quo. Punkt.

Was wissen und können Hirnforscher heute?

Angesichts des enormen Aufschwungs der Hirnforschung in den vergangenen Jahren entsteht manchmal der Eindruck, unsere Wissenschaft stünde kurz davor, dem Gehirn seine letzten Geheimnisse zu entreißen. Doch hier gilt es zu unterscheiden: Grundsätzlich setzt die neurobiologische Untersuchung des Gehirns auf drei verschiedenen Ebenen an. Die oberste erklärt die Funktion größerer Hirnareale, beispielsweise spezielle Aufgaben verschiedener Gebiete der Großhirnrinde, der Amygdala oder der Basalganglien. Die mittlere Ebene beschreibt das Geschehen innerhalb von Verbänden von hunderten oder tausenden Zellen. Und die unterste Ebene umfasst die Vorgänge auf dem Niveau einzelner Zellen und Moleküle. Bedeutende Fortschritte bei der Erforschung des Gehirns haben wir bislang nur auf der obersten und der untersten Ebene erzielen können, nicht aber auf der mittleren.

Verschiedene Methoden ermöglichen einen Einblick in die oberste Organisationsebene des Gehirns: Bildgebende Verfahren wie die Positronenemissionstomografie (PET) und die funktionelle Magnetresonanztomografie (fMRT), die den Energiebedarf von Hirnregionen messen, besitzen eine gute räumliche Auflösung, bis in den Millimeterbereich. Zeitlich gesehen hinken sie den Vorgängen allerdings mindestens um Sekunden hinterher. Die klassische Elektroenzephalografie (EEG) dagegen misst die elektrische Aktivität von Nervenzellverbänden quasi in Echtzeit, gibt aber nicht genau Aufschluss über den Ort des Geschehens. Etwas besser – etwa im Zentimeterbereich – liegt die räumliche Auflösung bei der neueren Magnetenzephalografie (MEG), mit der sich die Änderung von Magnetfeldern um elektrisch aktive Neuronenverbände millisekundengenau sichtbar machen lässt. Insbesondere durch die Kombination mehrerer dieser Technologien können wir das Zusammenspiel verschiedener Hirnareale darstellen, das uns kognitive Funktionen wie Sprachverstehen, Bilder erkennen, Tonwahrnehmung, Musikverarbeitung, Handlungsplanung, Gedächtnisprozesse sowie das Erleben von

Emotionen ermöglicht. Damit haben wir eine thematische Aufteilung der obersten Organisationsebene des Gehirns nach Funktionskomplexen gewonnen. Auch hinsichtlich der untersten neuronalen Organisationsebene hat die Entwicklung völlig neuartiger Methoden wie etwa der Patch-clamp-Technik, der Fluoreszenzmikroskopie oder des Xenopus-Oocyten-Expressionssystems zu einem Erkenntnissprung geführt. Inzwischen wissen wir sehr viel mehr über die Ausstattung der Nervenzellmembran mit Rezeptoren und Ionenkanälen sowie über deren Arbeitsweise, die Funktion von Neurotransmittern, Neuropeptiden und Neurohormonen, den Ablauf intrazellulärer Signalprozesse oder die Entstehung und Fortleitung neuronaler Erregung. Selbst was in einem einzelnen Neuron passiert, können wir mit hoher räumlicher und zeitlicher Auflösung analysieren sowie in Computermodellen simulieren. Dies ist von großer Bedeutung für das Grund legende Verständnis der Arbeitsweise von

Sinnesorganen und Nervensystemen sowie für die gezielte Behandlung neurologischer und psychischer Erkrankungen.

Zweifellos wissen wir also heute sehr viel mehr über das Gehirn als noch vor zehn Jahren. Zwischen dem Wissen über die obere und untere Organisationsebene des Gehirns klafft aber nach wie vor eine große Erkenntnislücke. Über die mittlere Ebene – also das Geschehen innerhalb kleinerer und größerer Zellverbände, das letztlich den Prozessen auf der obersten Ebene zu Grunde liegt – wissen wir noch erschreckend wenig. Auch darüber, mit welchen Codes einzelne oder wenige Nervenzellen untereinander kommunizieren (wahrscheinlich benutzen sie gleichzeitig mehrere solcher Codes), existieren allenfalls plausible Vermutungen. Völlig unbekannt ist zudem, was abläuft, wenn hundert Millionen oder gar einige Milliarden Nervenzellen miteinander "reden".

Nach welchen Regeln das Gehirn arbeitet; wie es die Welt so abbildet, dass unmittelbare Wahrnehmung und frühere Erfahrung miteinander verschmelzen; wie das innere Tun als "seine" Tätigkeit erlebt wird und wie es zukünftige Aktionen plant, all dies verstehen wir nach wie vor nicht einmal in Ansätzen. Mehr noch: Es ist überhaupt nicht klar, wie man dies mit den heutigen Mitteln erforschen könnte. In dieser Hinsicht befinden wir uns gewissermaßen noch auf dem Stand von Jägern und Sammlern.

Die Beschreibung von Aktivitätszentren mit PET oder fMRI und die Zuordnung dieser Areale zu bestimmten Funktionen oder Tätigkeiten hilft hier kaum weiter. Denn dass sich all das im Gehirn an einer bestimmten Stelle abspielt, stellt noch keine Erklärung im eigentlichen Sinne dar. Denn »wie« das funktioniert, darüber sagen diese Methoden nichts, schließlich messen sie nur sehr indirekt, wo in Haufen von hundert Tausenden von Neuronen etwas mehr Energiebedarf besteht. Das ist in etwa so, als versuchte man die Funktionsweise eines Computers zu ergründen, indem man seinen Stromverbrauch misst, während er verschiedene Aufgaben abarbeitet.

Vieles spricht dafür, dass neuronale Netzwerke als hochdynamische, nicht-lineare Systeme betrachtet werden müssen. Das bedeutet, sie gehorchen zwar mehr oder weniger einfachen Naturgesetzen, bringen aber aufgrund ihrer Komplexität völlig neue Eigenschaften hervor. Repräsentationen von Inhalten – seien es Wahrnehmungen oder motorische Programme – entsprechen hochkomplexen raumzeitlichen Aktivitätsmustern in diesen neuronalen Netzwerken. Um diesen Signalcode zu entschlüsseln, bedarf es wahrscheinlich paralleler Ableitstechniken, die eine gleichzeitige Messung an vielen Stellen des Gehirns erlauben.

Doch auch wenn viele Geheimnisse noch darauf warten gelüftet zu werden, hat die Hirnforschung bereits heute einige ganz erstaunliche Erkenntnisse gewonnen. Beispielsweise wissen wir im Wesentlichen, was das Gehirn gut leisten kann und wo es an seine Grenzen stößt. Mit am eindrucksvollsten ist seine enorme Adaptions- und Lernfähigkeit, die – und das ist wohl der überraschendste Punkt – zwar mit dem Alter abnimmt, aber bei weitem nicht so stark wie vermutet. Lange Zeit dachte man, die Hirnentwicklung sei irgendwann in der Jugend abgeschlossen und die neuronalen Netzwerke seien endgültig angelegt. Mittlerweile steht aber fest, dass sich auch im erwachsenen Gehirn zumindest im Kurzstreckenbereich – auf der Ebene einzelner Synapsen – noch neue Verschaltungen bilden können. Außerdem können für bestimmte Aufgaben zusätzliche Hirnregionen rekrutiert werden – etwa beim Erlernen von Fremdsprachen in fortgeschrittenem Alter.

Dank dieser Plastizität kann Hans also durchaus noch lernen, was Hänschen nicht gelernt hat – auch wenn es mit den Jahren deutlich schwerer fällt. Die molekularen und zellulären Faktoren, die der Lern-Plastizität zu Grunde liegen, verstehen wir mittlerweile so gut, dass wir beurteilen können, welche Lernkonzepte – etwa für die Schule – am besten an die Funktionsweise des Gehirns angepasst sind.Vor allem aus Tierversuchen

*wissen wir seit einigen Jahren außerdem,
dass sich selbst im erwachsenen Gehirn –
zumindest an einigen Stellen – noch neue
Nervenzellen bilden. Zum jetzigen Zeitpunkt
verstehen wir noch nicht, wie sich bei dieser
„Neurogenese„ neue Nervenzellen in alte
Verschaltungen einfügen und welche
Funktion sie dann übernehmen. Die Frage,
ob sich eine medikamentös induzierte
Neurogenese für ursächliche Therapien von
neurodegenerativen Erkrankungen einsetzen
lässt, können wir daher im Moment noch
nicht beantworten.
Wir haben herausgefunden, dass im
menschlichen Gehirn neuronale Prozesse
und bewusst erlebte geistig-psychische
Zustände aufs Engste miteinander
zusammenhängen und unbewusste Prozesse
bewussten in bestimmter Weise vorausgehen.
Die Daten, die mit modernen bildgebenden
Verfahren gewonnen wurden, weisen darauf
hin, dass sämtliche innerpsychischen
Prozesse mit neuronalen Vorgänge in
bestimmten Hirnarealen einhergehen – zum
Beispiel Imagination, Empathie, das Erleben*

von Empfindungen und das Treffen von
Entscheidungen beziehungsweise die
absichtsvolle Planung von Handlungen.
Auch wenn wir die genauen Details noch
nicht kennen, können wir davon ausgehen,
dass all diese Prozesse grundsätzlich durch
physikochemische Vorgänge beschreibbar
sind. Diese näher zu erforschen, ist die
Aufgabe der Hirnforschung in den
kommenden Jahren und Jahrzehnten.
Geist und Bewusstsein – wie einzigartig sie
von uns auch empfunden werden – fügen
sich also in das Naturgeschehen ein und
übersteigen es nicht. Und: Geist und
Bewusstsein sind nicht vom Himmel gefallen,
sondern haben sich in der Evolution der
Nervensysteme allmählich herausgebildet.
Das ist vielleicht die wichtigste Erkenntnis
der modernen Neurowissenschaften.
Was wissen und können Hirnforscher in
zehn Jahren?
Was wir in zehn Jahren über den genaueren
Zusammenhang von Gehirn und Geist
wissen werden, hängt vor allem von der
Entwicklung neuer Untersuchungsmethoden

ab. Das „Wo„ im Gehirn, über das uns heute die funktionelle Kernspintomographie Auskunft gibt, sagt uns noch nicht, "wie" kognitive Leistungen durch neuronale Mechanismen zu beschreiben sind. Für einen echten Fortschritt in diesem Bereich benötigen wir ein Verfahren, das die Registrierung beider Aspekte in einem ermöglicht.

Wie entstehen Bewusstsein und Ich-Erleben, wie werden rationales und emotionales Handeln miteinander verknüpft, was hat es mit der Vorstellung des "freien Willens" auf sich? Die großen Fragen der Neurowissenschaften zu stellen ist heute schon erlaubt – dass sie sich bereits in den nächsten zehn Jahren beantworten lassen, ist allerdings eher unrealistisch. Selbst ob wir sie bis dahin auch nur sinnvoll angehen können, bleibt fraglich. Dazu müssten wir über die Funktionsweise des Gehirns noch wesentlich mehr wissen.

Sehr wohl aber kann es der Hirnforschung innerhalb der nächsten Dekade gelingen, Erkenntnisse zu erarbeiten, die für

Antworten auf diese übergeordneten Fragen entscheidend sein werden. So wollen wir herausfinden, wie Schaltkreise von Hunderten oder Tausenden Neuronen im Verbund des ganzen Gehirns Information codieren, bewerten, speichern und auslesen. Die mittlere Ebene – die Untersuchung der Arbeitsweise von kleineren Bereichen des Nervensystems, von Mikroschaltkreisen – gelangt also zunehmend in den Mittelpunkt der Forschung. Das bisher übliche Verfahren, solche Fragen an Gehirnschnitten zu untersuchen, gehört dann wahrscheinlich der Vergangenheit an, da es nur Momentaufnahmen in einem nicht mehr als Ganzen funktionierenden Schaltwerk darstellen kann. Stattdessen können wir in zehn Jahren wahrscheinlich die räumliche und zeitliche Verteilung von neuronaler Erregung bis auf die Ebene aller beteiligten Neurone in einem Mikroschaltkreis mit bildgebenden Verfahren hoher zeitlicher Auflösung im intakten Nervensystem erfassen. Multiple-Photonenmikroskopie, funktionelle

Farbstoffe und molekulargenetische Methoden versetzen uns in die Lage, die Regeln des Informationsflusses innerhalb einzelner Neurone und im Verbund von Neuronen zu erkennen.

Voraussetzung für all diese Experimente ist aber, dass die untersuchten Tiere – denn an diesen werden die Versuche vor allem stattfinden – nicht narkotisiert sind und aufgrund schmerzfreier Verfahren ihr natürliches Verhalten zeigen. Nur dann ist es möglich, die Hirnaktivität dieser Tiere beim aktiven Lösen von Aufgaben zu beobachten und dabei die wichtigste Funktion des Gehirns, seine Produktivität und Spontaneität, in die Analyse miteinzubeziehen.

Ganz wesentlich unterstützt wird das Verständnis der Arbeitsweise von Mikroschaltkreisen durch eine detailreiche Modellierung mit Hochleistungsrechnern. Diese Modellierung orientiert sich zukünftig allerdings weniger an den heutigen Konzepten der Informatik und künstlichen Intelligenz als vielmehr an den wirklichen physiologischen Vorgängen. Und zwar nicht nur an denen der unteren Ebene – einzelnen Neuronen mit ihren Ausstattungen an Kanälen und Rezeptoren, ihren wahren Gestalten und ihren plastischen Eigenschaften –, sondern vor allem auch an den neuronalen Prozessen der bisher noch so wenig verstandenen mittleren Ebene, wie sie beim Lernen, beim Erkennen und Planen von Handlungen vorkommen. So wird sich neben der experimentellen Neurobiologie die theoretische Neurobiologie als Forschungsdisziplin durchsetzen, die dann ähnlich wie die theoretische Physik innerhalb der Physik eine große Eigenständigkeit besitzt.

Am Ende der Bemühungen werden die Neurowissenschaften sozusagen das kleine Ein-Mal-Eins des Gehirns verstehen. Daraus lassen sich dann strenge Hypothesen zum Studium übergeordneter Hirnfunktionen ableiten: beispielsweise wie das Gehirn seine zahlreichen Subsysteme so koordiniert, dass kohärente Wahrnehmungen und koordinierte Aktionen entstehen können. Ohne diesen entscheidenden Zwischenschritt über die "mittlere" Organisationsebene bleiben die Aussagen über den Zusammenhang zwischen neuronal beobachtbarer Aktivität und kognitiven Leistungen weiterhin spekulativ.

Vor allem was die konkreten Anwendungen angeht, stehen uns in den nächsten zehn Jahren enorme Fortschritte ins Haus. Wahrscheinlich werden wir die wichtigsten molekularbiologischen und genetischen Grundlagen neurodegenerativer Erkrankungen wie Alzheimer oder Parkinson verstehen und diese Leiden schneller erkennen, vielleicht von vornherein verhindern oder zumindest wesentlich besser behandeln können. Ähnliches gilt für einige psychische Krankheiten wie Schizophrenie und Depression. In absehbarer Zeit wird eine neue Generation von Psychopharmaka entwickelt werden, die selektiv und damit hocheffektiv sowie nebenwirkungsarm in bestimmten Hirnregionen an definierten Nervenzellrezeptoren angreift. Dies könnte die Therapie psychischer Störungen *revolutionieren – auch wenn von der Entwicklung zum anwendungsfähigen Medikament noch etliche weitere Jahre vergehen werden.*

Zudem werden Neuroprothesen wie intelligente Ersatzgliedmaßen oder das künstliche Ohr immer weiter perfektioniert. *In zehn Jahren haben wir wahrscheinlich eine künstliche Netzhaut entwickelt, die nicht im Detail programmiert ist, sondern sich nach den Prinzipien des Nervensystems organisiert und lernt. Das wird unseren Blick auf das Sehen, auf die Wahrnehmung, vielleicht auf alle Organisationsprozesse im Gehirn tief greifend verändern.*

Ebenso werden uns die zu erwartenden weiteren Fortschritte in der Hirnforschung vermehrt in die Lage versetzen, psychische Auffälligkeiten und Fehlentwicklungen, aber auch Verhaltensdispositionen zumindest in ihrer Tendenz vorauszusehen – und "Gegenmaßnahmen" zu ergreifen. Solche Eingriffe in das Innenleben, in die Persönlichkeit des Menschen sind allerdings mit vielen ethischen Fragen verbunden, deren Diskussion in den kommenden Jahren intensiviert werden muss.

Was werden Hirnforscher eines Tages wissen und können?

In absehbarer Zeit, also in den nächsten 20 bis 30 Jahren, wird die Hirnforschung den Zusammenhang zwischen neuroelektrischen und neurochemischen Prozessen einerseits und perzeptiven, kognitiven, psychischen und motorischen Leistungen andererseits soweit erklären können, dass Voraussagen über diese Zusammenhänge in beiden Richtungen mit einem hohen Wahrscheinlichkeitsgrad möglich sind. Dies bedeutet, dass man widerspruchsfrei Geist, Bewusstsein, Gefühle, Willensakte und Handlungsfreiheit als natürliche Vorgänge ansehen wird, denn sie beruhen auf biologischen Prozessen.

Eine "vollständige" Erklärung der Arbeit des menschlichen Gehirns, das heißt eine durchgängige Entschlüsselung auf der zellulären oder gar molekularen Ebene, erreichen wir dabei dennoch nicht. Insbesondere wird eine vollständige Beschreibung des individuellen Gehirns und damit eine Vorhersage über das Verhalten einer bestimmten Person nur höchst eingeschränkt gelingen. Denn einzelne Gehirne organisieren sich aufgrund genetischer Unterschiede und nicht reproduzierbarer Prägungsvorgänge durch Umwelteinflüsse selbst – und zwar auf sehr unterschiedliche Weise, individuellen Bedürfnissen und einem individuellen Wertesystem folgend. Das macht es generell unmöglich, durch Erfassung von Hirnaktivität auf die daraus resultierenden psychischen Vorgänge eines konkreten Individuums zu schließen.

Im Endeffekt könnte sich eine Situation wie in der Physik ergeben: Die klassische Mechanik hat deskriptive Begriffe für die Makrowelt eingeführt, aber erst mit den aus der Quantenphysik abgeleiteten Begriffen ergab sich die Möglichkeit einer einheitlichen Beschreibung. Auf lange Sicht werden wir entsprechend eine „Theorie des Gehirns„ aufstellen, und die Sprache dieser Theorie wird vermutlich eine andere sein als jene, die wir heute in der Neurowissenschaft kennen. Sie wird auf dem Verständnis der Arbeitsweise von großen Neuronenverbänden beruhen, den Vorgängen auf der mittleren Ebene. Dann lassen sich auch die schweren Fragen der Erkenntnistheorie angehen: nach dem Bewusstsein, der Ich-Erfahrung und dem Verhältnis von erkennendem und zu erkennenden Objekt. Denn in diesem zukünftigen Moment schickt sich unser Gehirn ernsthaft an, sich selbst zu erkennen. Dann werden die Ergebnisse der Hirnforschung, in dem Maße, in dem sie einer breiteren Bevölkerung bewusst werden, auch zu einer Veränderung unseres Menschenbildes führen. Sie werden dualistische Erklärungsmodelle – die Trennung von Körper und Geist – zunehmend verwischen. Ein weiteres Beispiel: das Verhältnis von angeborenem und erworbenem Wissen. In unserer momentanen Denkweise sind dies zwei unterschiedliche Informationsquellen, die unserem Wahrnehmen, Handeln und Denken zu Grunde liegen. Die

Neurowissenschaft der nächsten Jahrzehnte wird aber ihre innige Verflechtung aufzeigen und herausarbeiten, dass auf der mittleren Ebene der Nervennetze eine solche Unterscheidung gar keinen Sinn macht. Was unser Bild von uns Selbst betrifft, stehen uns also in sehr absehbarer Zeit beträchtliche Erschütterungen ins Haus.

Geisteswissenschaften und Neurowissenschaften werden in einen intensiven Dialog treten müssen, um gemeinsam ein neues Menschenbild zu entwerfen.

Aller Fortschritt wird aber nicht in einem Triumph des neuronalen Reduktionismus enden. Selbst wenn wir irgendwann einmal sämtliche neuronalen Vorgänge aufgeklärt haben sollten, die dem Mitgefühl beim Menschen, seinem Verliebtsein oder seiner moralischen Verantwortung zugrunde liegen, so bleibt die Eigenständigkeit dieser "Innenperspektive" dennoch erhalten. Denn auch eine Fuge von Bach verliert nichts von ihrer Faszination, wenn man genau verstanden hat, wie sie aufgebaut ist. Die

Hirnforschung wird klar unterscheiden müssen, was sie sagen kann und was außerhalb ihres Zuständigkeitsbereichs liegt, so wie die Musikwissenschaft – um bei diesem Beispiel zu bleiben – zu Bachs Fuge Einiges zu sagen hat, zur Erklärung ihrer einzigartigen Schönheit aber schweigen muss.

© Gehirn und Geist
Magazin | 13.10.2004 |
http://www.spektrum.de/thema/das-manifest/852357

Nun, wie war die Lektüre? Spätestens jetzt müßte Ihr Selbstbild, Ihre *innere Schau von sich selbst* doch gehörige Einbußungen erfahren haben.

Immer noch nicht? Das denke ich schon. Denn an dieser Stelle etwas zu ignorieren wäre synonym mit sich selbst etwas vormachen. Mit plumperen Worten ausgedrückt: Man will vor lauter Borniertheit den Wald nicht sehen, kann seine überaus komfortable Ideologie nicht in Frage stellen. Oder aber man ist verblödet, um es wieder einmal salopp auszudrücken.

Doch auch hier habe ich wieder ein kleines Zitat zur Hand, dass Ihnen wenigstens etwas

Verständnis für ihre ansonsten wenig aussichtsvolle Situation gibt.
Der Philosoph und Theologe Wilhelm Dilthey schlägt für Sie eine Bresche.

Der Einfluß des Denkens ...
entspringt aus der inneren Notwendigkeit,
in einem unsteten Wechsel der
Sinneswahrnehmungen,
Begierden und Gefühle ein Festes zu
stabilisieren,
das eine stetige und einheitliche
Lebensführung möglich macht.„

WILHELM DILTHEY in RAINER WIEHL (Hrsg),
Geschichte der Philosophie, Bd.8, Stuttgart 1981, Seite 195

Das Resümee der neurowissenschaftlichen Bestandsaufnahme ist eher ernüchternd denn von revolutionärem Charakter.

Die Funktionen der unteren bzw. der oberen Ebene des Gehirns sind, zumindest was den *technischen* Bereich angeht, mehr oder weniger erklärbar. Wenn gleich dies auch schon vor dem Jahr 2004 in etlichen Hypothesen und Theorien formuliert worden ist.

Bevor ich allerdings weiter fortfahre mit meinen Erläuterungen, zunächst eine Reflexion der Neurowissenschaften, Pro domo, sozusagen.

Wie Sie bisher gelesen haben ist es somit wenig verwunderlich das selbst schwerwiegendste Verblödungen nicht so richtig deklarierbar sind. Doch lesen sie nur weiter, wenn es auch wiederum nur wenig erbaulich ist.

Im Jahr 2004 wurde ein anspruchsvolles „ Manifest der Neurowissenschaftler " verfasst, das ein optimistisches Bild der damaligen Lage und von zukünftigen Optionen der Neurowissenschaften skizzierte So wisse man bereits, welche Lernkonzepte – etwa für die Schule – die besten seien (S. 33). Das Manifest beeindruckte unsere wissenschaftliche Öffentlichkeit tief, sodass es nun 10 Jahre nach dieser Positionierung besonders interessant ist, seine Aussagen und die anvisierten Ziele zu überprüfen. Das Manifest war ein wichtiger Impuls, diese Forschungsrichtung sehr ernst zu nehmen, es wurden Erwartungen geweckt, aber auch Widersprüche hervorgerufen.

Die Bilanz des mittlerweile Erreichten ist allerdings ernüchternd. Das liegt aber nicht nur an mangelnden methodischen Durchbrüchen, unerwartet zeitaufwendiger Entwicklungsarbeit für Medikamente, fehlenden Forschungsgeldern, unzureichenden Organisationsstrukturen der Forschung und auch an der „zu kurzen"

Zeitspanne, sondern zu großen Teilen an wissenschaftssystematischen Schwierigkeiten der Neurowissenschaften. Wären die unbefriedigenden Ergebnisse allein durch technische und organisatorische Probleme bedingt, dann wären vielleicht die Ziele noch nicht erreicht, aber eine Annäherung an diese wäre erkennbar. Das Ausbleiben einer solchen Entwicklung liegt auch nicht daran, dass eine differenzierte Fachlichkeit nicht leicht in einer gehobenen Umgangsprache abzubilden ist oder dass Medien die Aussagen überzeichnet hätten. Es liegt im Wesentlichen an Unzulänglichkeiten im Bereich der Theorie und Methodologie der Neurowissenschaften. Die genauere Betrachtung des Manifests führt nämlich zu der Vermutung, dass Hirnforscher oft von impliziten erkenntnistheoretischen und wissenschaftstheoretischen Annahmen ausgehen, die sie das Erklärungspotenzial der Hirnforschung überschätzen lassen.

Wären diese Ansprüche und ihre Probleme nur von theoretischer Bedeutung, so wäre eine Diskussion weniger wichtig. Offensichtlich hat aber die Öffentlichkeit aus vielerlei Gründen an den praktischen Erfolgen der Hirnforschung großes Interesse. Die Klärung des wahren Potenzials der Neurowissenschaft sowie der Bedingungen, unter denen sich dieses Potenzial am besten entwickeln kann, ist deshalb keine rein akademische Aufgabe sondern hat beträchtliche soziale ´ Konsequenzen-

2. Gesellschaftliche Bedeutung

Psychiatrische und neurologische Erkrankungen machen nach Einschätzung der WHO heute einen Großteil aller Erkrankungen aus. Diese Situation wird sich noch verschärfen. Deshalb wird von klinisch tätigen Ärzten sowie von Patienten und deren Angehörigen nichts sehnlicher erwartet als Fortschritte der Neurowissenschaften. Auch bestehen gesellschaftliche Erwartungen zur Frage der neurobiologischen Früherkennung und Einschätzung von potenziellen Gewalttätern. Schließlich ist das

Verständnis des Gehirns von größter Bedeutung für das anthropologische Selbstverständnis des Menschen. Mit unseren Konzepten vom Gehirn und dem Geistigen ist die rechtliche, soziale und kulturelle Ordnung unserer Gesellschaft eng verbunden. Es geht also um nichts weniger als die Frage: Was ist der Mensch?

3. Einige Feststellungen und Prognosen des Manifests

Was haben nun die Neurowissenschaftler damals versprochen, und was haben sie gehalten? Blickt man 10 Jahre zurück, so sind zwar Fortschritte in der Neurobiologie erkennbar, aber es ist nicht viel Sensationelles in Forschung und Praxis zu vermelden. Das Manifest prognostiziert hingegen (S. 36): „In absehbarer Zeit wird eine neue Generation von Psychopharmaka entwickelt, die selektiv in bestimmten Hirnregionen an definierten Nervenzellrezeptoren angreift. Dies könnte die Therapie psychischer Störungen revolutionieren."

Für die Behandlung psychiatrischer und neurologischer Erkrankungen sind Medikamente zwar ein wichtiger Bestandteil der Therapie. Es war aber bereits vor 10 Jahren bekannt, dass spezielle Medikamente, ob sie auf einen oder mehrere spezifische Rezeptortypen einwirken, keine wesentliche therapeutische Effektsteigerung bringen und darüber hinaus problematische Nebenwirkungen auslösen können. Die Schwierigkeit für die aktuell eher stagnierende Entwicklung von Psychopharmaka besteht darin, dass die molekularen Hirnmechanismen, die beim Auftreten von psychischen Erkrankungen relevant sind, in vielfältiger Weise funktionell eng miteinander verbunden sind. Diese molekularen Netzwerke erschweren auch das Verstehen der psychischen Wirkung von Drogen.

Derzeit ist bei verschiedenen psychiatrischen und neurologischen Erkrankungen die Anwendung von Elektroden zur tiefen Hirnstimulation sehr beliebt. Dieses

Verfahren ist bereits aus Tierexperimenten der 1960er Jahre bekannt. Die heutige breite Anwendung dieser Methode lässt jedoch erkennen, dass sie zwar effektiv, aber nur verhältnismäßig unspezifisch wirksam ist. Auch das ist durch die hochgradige Vernetzung neuronaler Schaltkreise erklärbar. Das entsprechende Konzept vom Gehirn als Netzwerk hat in den letzten Jahren zu der Vorstellung krankheitsspezifischer Netzwerktypen geführt, wobei diese Grundhypothese mangels systematischer empirischer Daten noch nicht gut belegt ist. Lernende künstliche Netzhäute des Auges und Neuroprothesen, wie sie im Manifest gelobt werden (S. 36), sind weiterhin eher Zukunftsmusik. Bisherige Erfolge beschränken sich auf wenige Fälle, in denen nur eine rudimentäre Wiederherstellung von Funktionen gelungen ist.

Zweifellos haben in den vergangenen 10 Jahren einige Bereiche der Neurologie, vor allem die Neurochirurgie und die

Neurorehabilitation, einen guten Fortschritt gemacht. Eingriffe sind heute möglich, von denen man vor einigen Jahren nur träumen konnte. Doch betrachtet man diese Fortschritte genauer, so findet man ihren Grund in der Entwicklung der Technik, allem voran der digitalen Technologien, und nicht im erweiterten Wissen über die zugrunde liegenden Prozesse im Gehirn.

Auch in der experimentellen Hirnforschung ist technisch-apparativ einiges vorangekommen: Wenn man auf die Optogenetik blickt, auf Multi-Elektroden-Ableitungen, auf das Fibertracking und Untersuchungen im Ruhezustand („resting state"), auf Methoden der Identifikation der Verbindungen von Gehirngebieten etwa in Form des Projekts des Human Connectome, auf das Human Brain Project als Programm der Rekonstruktion des menschlichen Gehirns – dann liefert all dies immer detailliertere Beschreibungen. Und das ist gut so! Die Hirnforschung scheint allerdings von der Grundannahme auszugehen, dass mit höherer Detailtreue der Empirie auch das Verständnis der Mechanismen zunimmt. Da ist zu fragen: Bedeuten mehr „Daten", in gleichem Maße mehr „erklären" und „verstehen" zu können? Diese Fragen berühren das philosophische Gebiet der Wissenschaftstheorie. Die Einbindung entsprechender philosophischer Kompetenzen könnte zu vertiefter Reflexion über das Erkenntnispotenzial der Neurowissenschaften führen.

4. Die Verortung des Psychischen im Gehirn

Zu dem jahrhundertealten Projekt, Zuordnungen zwischen psychischen Funktionen und Gehirnstrukturen zu treffen, sagen die Autoren des Manifests, dass sie „… eine thematische Aufteilung der obersten Organisationsebene des Gehirns nach Funktionskomplexen" gewonnen hätten (S. 31).Damit nicht genug (S. 33): „Die Daten, die mit modernen bildgebenden Verfahren gewonnen wurden, weisen darauf hin, dass sämtliche innerpsychischen Prozesse mit neuronalen Vorgängen in bestimmten

Hirnarealen einhergehen – zum Beispiel Imagination, Empathie, dem Erleben von Empfindungen und dem Treffen von Entscheidungen beziehungsweise der absichtsvollen Planung von Handlungen." Hier ist zunächst erkennbar, dass unausgesprochene philosophische Überzeugungen zum ontologischen Verhältnis von innerpsychischen Prozessen und Gehirnvorgängen einfließen. Es wird außerdem unterstellt, dass „sämtliche" psychischen Funktionen, also auch alle Emotionen bereits experimentell untersucht worden sind. Das ist schlichtweg unzutreffend, sodass diese Aussage bestenfalls als Hypothese, aber nicht als Befund zu werten ist. Zum anderen wäre es falsch, den Sachverhalt eines „Einhergehens" als Beweis kausaler Zusammenhänge zu verstehen. Tatsächlich gehört es zu den Grundtatsachen der mathematischen Statistik, dass Korrelationen allein keine Kausalität begründen. Psychische Phänomene gehen auch mit der Aktivität des Herzen, des vegetativen

Nervensystems und der gesamten Muskulatur einher. So wie man im Prinzip ohne Hirnrinde nicht denken kann, kann man ohne Arme keine Bäume fällen, ohne Beine nicht gehen und ohne Augen nicht sehen. Es ist außerdem sicher, dass auch molekulare und elektrische Prozesse in Gliazellen mit psychischen Prozessen „einhergehen". Die Gleichsetzung des Gehirns mit Nervenzellen, womöglich sogar nur mit solchen der Großhirnrinde, ist also bereits eine zu eng gefasste Reduktion, denn letztlich könnten auch Sauerstoff und Glukose als notwendige Bedingungen der Gehirnaktivität und damit von psychischen Prozessen angesehen werden. Findet man deshalb parallel zu psychischen Prozessen und Zuständen Gehirnaktivitäten, dann ist deren Spezifität nachzuweisen. Andernfalls gleitet man in unzeitgemäße Trivialitäten ab.

Es zeigt sich darüber hinaus bereits seit Jahrzehnten, dass eine eindeutige Struktur-Funktion-Zuordnung mit erheblichen Unschärfen verbunden ist. Das stellt sich besonders eindrucksvoll am Beispiel des Sehens dar, an dem mehr als 30 Hirnareale mit etwa 900 Verbindungswegen beteiligt sind. Es verwundert daher auch nicht, dass ein Gehirnareal wie der präfrontale Kortex multiple Funktionen wie Sehen, Bewerten, Gedächtnis, usw. aufweist. Die Frage, auf welcher Organisationsebene und mit welcher Ortsauflösung einzelne psychische Funktionen realisiert werden, dürfte deshalb am Problem vorbeigehen. Hier setzen bereits die neueren Konnektivitätsanalysen an. Das Gehirn ist wegen seiner hochgradigen Rückkopplung seiner Areale als ein operational geschlossenes System – oder aktueller formuliert: als ein „Netzwerk"– zu charakterisieren. Sinngemäß gilt somit grundsätzlich: Eine psychische Funktion wird an mehreren Gehirnorten realisiert, und ein Gehirnort ist an mehreren Funktionen beteiligt.

Darüber hinaus müssen die psychologischen Termini, die neurobiologisch „erklärt" werden sollen, vorher genau abgegrenzt und auch messtechnisch definiert werden. Nur so können sie von dem unscharfen Bedeutungsfeld der gehobenen Umgangssprache abgegrenzt werden. Anders gesagt: Die Qualität der Zuordnung einer Funktion zu einer Struktur hängt wesentlich von der Präzision der Definition des jeweiligen Funktionsbegriffs ab. Um z.B. Aufmerksamkeit bestimmten Orten im Gehirn zuzuordnen, muss man zuerst klären, was die Aufmerksamkeit wissenschaftlich- psychologisch gesehen ist. Bei entsprechenden Präzisierungsbemühungen geht aber leicht der Bezug zum phänomenalen Erleben abhanden, was die Gültigkeit der Aussagen zusätzlich mindert. Dieses Problem ist vor allem für die Psychiatrie bedeutsam, da eine „Verortung" psychischer Krankheiten im Gehirn bisher oft nicht oder nur zum Teil gelungen ist und aus den genannten Gründen auch kaum zu erwarten ist. Es ist also festzustellen, dass die methodologischen Probleme der Zuordnungen von Strukturen und Funktionen, wie sie in der modernen

Philosophie des Gehirn-Geist-Problems diskutiert werden, von den Neurowissenschaftlern nur unzureichend berücksichtigt worden sind.

Die Vernachlässigung der erkenntnistheoretischen Problematik, in der Hirnforschung Struktur-Funktion-Beziehungen herzustellen, die grundlegend in der Perspektivendifferenz zwischen der subjektiven Erste-Person-Perspektive und der objektiven Dritte-Person-Perspektive bestehen zeigt zugleich, dass die Forschungsressourcen zu wenig in wichtige Bereiche der Grundlagenforschung gelenkt werden: Es müsste nämlich mehr in den Bereich der Theorie des Gehirns investiert werden, statt nahezu ausschließlich auf die Ausweitung der Datenbanken zu setzen, die bereits so komplex sind, dass sie kaum mehr übersehbar und damit auch immer weniger verstehbar sind.

5. Methodologische Grundfragen – das Gehirn-Geist-Problem

Die Autoren des Manifests erwecken den Eindruck, bereits über die Lösung des Gehirn-Geist-Problems zu verfügen (S. 33): „Wir haben herausgefunden, dass im menschlichen Gehirn neuronale Prozesse und bewusst erlebte geistig-psychische Zustände ... auf das Engste miteinander zusammenhängen und unbewusste Prozesse bewussten in bestimmter Weise vorausgehen." Wen wundert es? Die Einsicht der Hirnabhängigkeit psychischer Prozesse reicht im Prinzip teilweise bis Hippokrates und - was das Unbewusste betrifft - bis Sigmund Freud und sogar bis Friedrich Nietzsche zurück. Sie ist also nicht der modernen Neurowissenschaft zu verdanken, obwohl sie nun eng mit Letzterer verknüpft ist. Es ist klar: „Ohne Gehirn ist alles nichts!" Man hat jedoch noch nie von „freilaufenden" Gehirnen gehört. Das heißt „ Das Gehirn ist nicht alles. " Ohne Körper und ohne Bezüge zu dessen Umgebung ist es auch ein „Nichts"! Das entspricht nicht nur der Alltagsrealität, sondern auch heutigen anerkannten analytischen Positionen der

Philosophie des Geistes. Es geht also nicht um das „Dass", sondern um das „Wie" des „Zusammenhängens" und des „Vorausgehens".

Dazu führen die Autoren des Manifests aus (S. 33): „Auch wenn wir die genauen Details noch nicht kennen, können wir davon ausgehen, dass all diese Prozesse grundsätzlich durch physikochemische Vorgänge beschreibbar sind." Das ist Metaphysik, aber nicht empirische Neurobiologie. Beispielsweise hohe Dopamin- und Endorphinkonzentrationen in bestimmten Gehirnregionen einem Lustzustand zuzuordnen bedeutet nicht, dass psychische Phänomen Lust als physikochemisches Phänomen treffend „beschreiben" zu können. Außerdem bedeutet eine Beschreibung noch keine wissenschaftliche Erklärung: Man kann z.B. Geldscheine physikalisch als Papierstücke beschreiben, aber ihre Erklärung ist nur mithilfe der Wirtschaftswissenschaft möglich.

Dennoch behaupten die Autoren des Manifests (S. 36): „Das bedeutet, man wird widerspruchsfrei …. Geist, Bewusstsein, Gefühle, Willensakte und Handlungsfreiheit als natürliche Vorgänge ansehen, denn sie beruhen auf biologischen Prozesse." Es fragt sich bei dieser Behauptung, etwa in Hinblick auf die Willensfreiheit, wie es möglich ist, „freie" und „unfreie" biologische Prozesse voneinander zu unterscheiden. Aber vor allem ist die Vermischung von notwendigen und hinreichenden Bedingungen schwerwiegend, da in einem sehr trivialen Sinne alle menschlichen Leistungen „auf biologischen Prozessen beruhen", denn man muss z.B. atmen, um etwas zu leisten, woraus jedoch nicht folgt, dass alle menschlichen Leistungen als Atmung „angesehen" werden können. Hier zeigen sich also allzu einfache Verursachungstheorien.

Es wird sogar gesagt (S. 33): „Geist und Bewusstsein sind nicht vom Himmel gefallen, sondern haben sich in der Evolution des Nervensystems allmählich herausgebildet …

das ist vielleicht die wichtigste Erkenntnis der modernen Neurowissenschaften ..." Mit derartigen spekulativen Aussagen wird, vom Leser unbemerkt, der Übergang von der Naturwissenschaft zur Naturphilosophie und letztlich zur Metaphysik vollzogen. Und die evolutionsbiologische Aussage, dass das Bewusstsein sich im Laufe der Geschichte der Arten entwickelte, hat wenig zu tun mit einer neurobiologischen Aussage, dass wir das Funktionieren dieses Bewusstseins auch nur annähernd verstehen.

Aber schließlich folgt mit einem Anflug von epistemischer Selbstbegrenzung die überraschende Aussage (S. 33): „...Nach welchen Regeln das Gehirn arbeitet; wie es die Welt so abbildet, dass unmittelbare Wahrnehmung und frühere Erfahrung miteinander verschmelzen; wie das innere Tun als ‚seine' Tätigkeit erlebt wird und wie es zukünftige Aktionen plant, all dies verstehen wir nach wie vor nicht einmal in Ansätzen. Mehr noch: Es ist überhaupt nicht klar, wie man dies mit den heutigen Mitteln erforschen könnte."

Es ist in der Tat eine große Herausforderung, zu verstehen, „ wie ein Gehirn seine zukünftigen Aktionen plant," denn wir kennen „Planen" nur beim Menschen und bei intelligenteren Tieren. Das sind jedoch komplexe Organismen, nicht einzelne, vom Körper abgekoppelte Organe, die weder Sinnes- noch Ausdrucksfunktionen aufweisen. Ein Gehirn kann sich deshalb auch nichts „merken". Die Eigenschaft, auf eine erneute Reizung stärker zu reagieren, ist als solche ebenso wenig schon der Ausdruck einer „Gedächtnisfunktion", wie es die Eigenart einer Fensterscheibe ist, nach einem Steinwurf einen Sprung aufzuweisen. Beachtet man diesen Unterschied nicht, so ist der Weg in einen allgemeinen Animismus nicht mehr weit, der doch gerade durch die Aufklärung, zu deren hartem Kern die Neurowissenschaft gehören möchte, beseitigt werden sollte. Nicht das Gehirn erlebt, sondern der Mensch.

Ein grundsätzliches Problem der Hirnforschung besteht also darin, dass sie derzeit noch über keine differenzierte und übergreifende Gehirntheorie verfügt. Sie muss daher mit fokalen Hypothesen operieren, welche zu Schlussfolgerungen führen, die nicht selten übermäßig generalisiert werden. Ein Beispiel dafür ist die Frage nach der Sprache des Gehirns (S. 33):

„Um diesen Signalcode zu entschlüsseln, bedarf es wahrscheinlich paralleler Ableitetechniken, die eine gleichzeitige Messung an vielen Stellen des Gehirns erlauben". Es wird also wiederum auf technologische Fortschritte gesetzt, wobei das prinzipielle Problem übersehen wird, wie die damit gemessenen komplexen Aktivitätsmuster „entschlüsselt" werden können. Die bei der Analyse komplexer Datensätze anwendbaren mathematischen Methoden steigern nämlich an sich und nach allem, was wir heute wissen, den Erkenntniswert nicht wesentlich über die

Aussage hinaus, dass das Gehirn ein extrem komplexes dynamisches System ist, dessen Besonderheiten bei neurologischen und psychiatrischen Erkrankungen sich der unmittelbaren Anschauung noch immer entziehen. Störungen wichtiger „Gehirnmarker" (EEG, evozierte Potenziale) lassen sich häufig nur auf der Ebene mathematischer Transformationen identifizieren. Des Öfteren fehlt dabei – und dies ist wesentlich – das Verständnis der betreffenden Wirkmechanismen. Die allgemeine Akzeptanz einer theoretischen Neurobiologie, ähnlich der theoretischen Physik, ist demnach erst in der Zukunft zu erwarten. Die Autoren des Manifests waren hier weitaus optimistischer (S. 33):

„So wird sich neben der experimentellen Neurobiologie die theoretische Neurobiologie als Forschungsdisziplin durchsetzen, die dann ähnlich wie die theoretische Physik innerhalb der Physik eine große Eigenständigkeit besitzt.

Wir meinen, dass die obige Behauptung zwar auf eine sehr wünschenswerte, aber leider noch nicht erreichte Situation zielt. Bei diesem Projekt der Etablierung einer theoretischen Neurowissenschaft, die auf der Computational Neuroscience aufbauen kann, kommt der Einbindung der bereits interdisziplinär und durchaus mathematisch operierenden Systemforschung bzw. Systemwissenschaft eine Schlüsselrolle zu, insofern sie ausdrücklich den Systemcharakter des Gehirns berücksichtigt: Die zirkuläre, rückgekoppelte Kausalität im Gegensatz zur kaskadierten Kausalität und ebenso die unterschiedlichen Skalen, auf denen sich unterschiedliche Phänomene abspielen, sind Schlüsselprobleme im Verstehen der Gehirnprozesse, da vor allem durch verzögerte Rückkopplungsprozesse komplexe Aktivierungsmuster entstehen können. Eine entsprechende nichtlineare Dynamik kann bereits bei zwei unterschiedlich operierenden rückgekoppelten Elementen auftreten (Aktivator-Inhibitor-System). Zum Beispiel:

Ein Aktivator eines zugeschalteten Inhibitors empfängt von diesem über die Rückkopplung eine Hemmung, welche die Aktivität des Aktivators mindert. Dies führt in der Folge zur Minderung der Aktivität des Inhibitors, sodass der Inhibitor mit seiner Rückkopplung den Aktivator wieder weniger hemmt, der nun wieder stärker aktiv werden kann usw. Ein solches Minisystem kann also oszillierendes Verhalten zeigen. Wenn man jetzt bedenkt, dass bei zirka 10^{11} Neuronen mit ihren insgesamt zirka 10^{14} Schaltstellen jedes Neuron durchschnittlich nach drei oder vier dazwischen- geschalteten Neuronen wieder ein Feedback bekommt, dann wird verständlich, dass, solange die Hirnforschung noch nicht von starken Theorien mit zugehöriger Begriffsbildung geleitet wird, die gesamte neuronale Netzwerkdynamik unübersehbar und unverstehbar bleiben muss. Denkt man weiterhin an die Vielzahl der Gliazellen, dann wird das Ausmaß des Nichtverstehens der Prozesskomplexität des Gehirns noch *deutlicher. Das war auch 2004 - , seit den Darlegungen von Kybernetikern wie Valentino von Braitenberg und Heinz von Foerster - bereits 20 Jahre lang bekannt.*

Woran es also fehlt, ist eine Fundierung der Neurowissenschaften durch eine systemische Methodologie, die nicht nur die äußerst potenten, aber damit oft komplizierten mathematischen Methoden nutzt, sondern auch die erkenntnistheoretische Seite des Verstehens komplexer, sich nicht linear verhaltender Systeme behandelt. Der kompetente Umgang mit Computersimulationen als Heuristik kann dabei ein wichtiges Hilfsmittel sein. Mathematik als solche ist in diesem Zusammenhang nicht ausreichend, denn parallel dazu sind konzeptuelle Theorieentwicklungen nötig. Derartige Gehirntheorien müssten allerdings wieder auf die Ebene der Allgemeinverständlichkeit und des qualitativen Verstehens zurückgeführt werden können, damit die notwendig interdisziplinäre Arbeit insgesamt

Erkenntnisgewinne einbringt. Dies bedeutet nicht nur eine Herausforderung an die Mathematik, und zwar wegen der nötigen Interdisziplinarität auch in offener, gegenseitiger Verständlichkeit. Außerdem ist eine viel engere Zusammenarbeit zwischen Experiment und per se mathematisch ausgerichteter Theorie erforderlich.

7. Menschenbild – Gebiet der philosophischen Anthropologie

Die Autoren des Manifests glauben, dass die Neurobiologie das Menschenbild verändern wird (S. 36):

„Was unser Bild von uns selbst betrifft, stehen uns in sehr absehbarer Zeit beträchtliche Erschütterungen ins Haus." Man werde ja erkennen und verstehen, „wie [das Gehirn] das innere Tun als ‚seine' Tätigkeit erlebt … und wie es zukünftige Aktionen plant … (S. 33). Diese Aussage lässt erkennen, dass hier der Mensch mit seinem Gehirn gleich gesetzt oder darauf reduziert wird. Es wird dem Gehirn die

Fähigkeit des Organismus, des Menschen zugeschrieben, was ähnlich abwegig ist, wie einen Transistor bereits als Radio anzusehen. In der Alltagssprache ist es gang und gäbe, geistige Funktionen einzelnen Körperteilen („Meine Ohren können seine Reden nicht mehr hören!") oder sogar Außenobjekten („Mein Auto freut sich, wenn es diese Autobahn fährt") metaphorisch zuzuordnen. Ist das „neue Menschenbild", in dem nicht ich, sondern mein Gehirn sieht, fühlt und Handlungen plant, tatsächlich mehr als eine solche Metapher? Bringt uns die einfache Umschreibung der Funktionen vom Geist auf das Gehirn wirklich weiter? Was ist gewonnen, wenn wir sagen „Mein Mandelkern ist im Erregungszustand" statt „Ich fürchte mich"? Das metaphorische Denken ist für die Wissenschaft unentbehrlich, aber es lassen sich damit keine sachlichen Zusammenhänge begründen. Es ist, wie Bennett und Hacker (2003) sagten, völlig in Ordnung, vom „Fuß" eines Berges zu sprechen, solange man nicht nach dessen Schuh sucht.

Allerdings ist im Manifest auch Bescheidenheit zu erkennen (S. 36): „Insbesondere wird eine vollständige Beschreibung des individuellen Gehirns und damit eine Vorhersage über das Verhalten einer bestimmten Person nur höchst eingeschränkt gelingen. Denn einzelne Gehirne organisieren sich aufgrund genetischer Unterschiede und nicht reproduzierbar Prägungsvorgänge durch Umwelteinflüsse selbst, und zwar auf sehr unterschiedliche Weise, individuellen Bedürfnissen und einem individuellen Wertesystem folgend." Hier werden plötzlich neben rein biologischen Ursachen die Ursachen ganz anderer – sozialer, ethischer – Ebenen eingeführt (Werte), und das bedeutet, dass die Autoren bereit sind, ihr gerade aufgebautes hirndeterministisches Menschenbild zugunsten eines anderen, integrativen aufzugeben, denn „Geisteswissenschaften und Neurowissenschaften werden in einen intensiven Dialog treten müssen, um gemeinsam ein neues Menschenbild zu entwerfen" (S. 37).

Diesem Satz stimmen wir vollständig zu, aber es genügt nicht, ihn als Fußnote wissenschaftlichen Erklärungen hinzuzufügen. Denn dieser Dialog muss organisiert und institutionalisiert werden, aber zunächst nur, um zu überprüfen, ob wirklich ein neues Menschenbild erforderlich ist. Es sind vielmehr wesentliche neurowissenschaftliche Befunde mit Fachvertretern zu diskutieren, die aus verschiedenen Bereichen kommen und die jeweils einen Einblick in einen anderen, angrenzenden Bereich haben. Auf diese Weise wäre die erforderliche integrative Interdisziplinarität realisierbar und nicht nur eine assoziative Interdisziplinarität. Das allerdings wird durch die bisweilen zu starre fakultäre Struktur von Universitäten behindert – beispielsweise wären hier interdisziplinäre Zentralinstitute hilfreich!

8. Disziplinäre Zuständigkeit

Welche wissenschaftlichen Disziplinen sind den Neurowissenschaften zuzuordnen? Genügt es, einfach den gemeinsamen Gegenstand, nämlich das Gehirn als Kriterium zu wählen? Welche Position haben dann die Psychologie und jene Disziplinen, die über das Medium Sprache mit den Versuchspersonen arbeiten und dabei also nur indirekt Hirnfunktionen und nicht etwa elektrische Gehirnaktivität messen und prüfen? Ist ein derartiger Methodenmix hinreichend aussagekräftig? Diese Fragen lassen sich durch die Analyse der spezifischen Fachbegriffe, Methoden und Modelle klären. Dabei sind die Mathematik und Methodik der Systemwissenschaft mitihrerKompetenz der Analyse komplexer dynamischer Systeme äußerst hilfreich.

In Hinblick auf diese Aufgaben erscheint uns vor allem die Einbindung der Philosophie wichtig, insofern sie eine jahrhundertelange Erfahrung mit Grundfragen zu unserem Wissen von der Welt hat, und im Besonderen zu Fragen des Menschenbildes (philosophische Anthropologie), der Ethik und der Wissenschaftstheorie wertvolle Erkenntnisse einbringen kann. Eine Aufgabe der Philosophie ist, alltagsweltliche und wissenschaftliche Weltbilder zu verbinden, auch was ethische Aspekte betrifft. Philosophie kann auf diese Weise den Neurowissenschaften vor allem Anregungen zur Nachdenklichkeit geben, um der Gefahr eines methodisch-technischen Aktionismus und drohender Überinterpretation naturwissenschaftlicher Befunde zu begegnen. Diese philosophische Betrachtungsweise fehlt im Konzept der Neurowissenschaftler, so wie sie sich im Manifest äußerten.

Wir meinen daher, dass eine weitgefasste Neurobiologie, die experimentelle, klinische und theoretische Arbeitsansätze beinhaltet, gemeinsam mit der Psychologie, der Systemwissenschaft und der Philosophie die beste Basis für eine nachdenkliche („reflexive") Neurowissenschaft bzw. für eine interdisziplinär fundierte

„Neurophilosophie" ausmacht, die nötig ist, die Neurobiologie bei ihrer weiteren Entwicklung zu begleiten. Multidisziplinär qualifizierte Akteure in dieser Plattform der Nachdenklichkeit könnten eine bessere Anschlussfähigkeit garantieren, um nicht in Einseitigkeiten und Polarisierungen unnötig Kräfte zu verlieren. Diese Praxisform einer auf Kooperation ausgerichteten Neurowissenschaft wäre sogar als „nichtreduktive" Neurowissenschaft zu bezeichnen.

9. Fazit: Auf dem Weg zu einer reflexiven Neurowissenschaft

Jetzt scheint ein wichtiger Zeitpunkt der Zäsur des damals im Manifest Angedachten zu sein. Es zeigt sich als entscheidender Mangel, dass bislang keine empiriegestützte Gehirntheorie im Sinne einer umfassenden Gesamtschau entwickelt werden konnte. Angesichts beeindruckender Fortschritte der formalen Methoden in der Hirnforschung scheint dies eine seltsame Behauptung zu sein. Die Erfolge der mathematisch begründeten Neurowissenschaften beschränken sich jedoch auf die Vorhersage wohldefinierter sensorischer und kognitiver Leistungen. Von einer Erklärung der gesamten subjektiven Aspekte der Hirntätigkeit (im Manifest: „Geist, Bewusstsein, Gefühle, Willensakte und Handlungsfreiheit") sind wir jedoch noch immer weit entfernt. Die Klärung der entsprechenden Begriffe versuchen die Philosophie und die Geistes- und Gesellschaftswissenschaften seit langem.

Die erfolgreiche Theorieentwicklung in den Neurowissenschaften kann daher nur auf einer interdisziplinären Basis stattfinden. Das setzt aber voraus, dass sowohl Geisteswissenschaftler den empirischen Wissenschaften offen gegenüberstehen müssten, wie sich auch Hirnforscher von den Spuren einer Missachtung gegenüber den nicht-experimentierenden Wissenschaften befreien sollten. Einige dieser Wissenschaften mögen arm an empirischen Daten sein, sie können aber dafür wichtige Kompetenzen in der kritischen Interpretation der Befunde, in der sorgfältigen

Formulierung der empirisch zu erforschenden Fragen besitzen, die, wie wir sehen, der noch jungen Hirnforschung so oft fehlen.

Interdisziplinarität als integrierte Kultur ist also nötig; weder eine „friedliche Koexistenz" verschiedener (neurobiologischer, psychologischer, philosophischer) Ansichten noch assoziative Konsortien reichen aus. Transdisziplinarität, die auch die praktischen Erkenntnisse der klinischen Neurofächer einbindet, wäre allerdings besonders wertvoll. Auf diese Weise könnten Neurowissenschaftler in einer nichtreduktiven Weise mehr der nötigen Nachdenklichkeit praktizieren und eine „reflexive Neurowissenschaft" realisieren. Die Unterzeichner des vorliegenden Textes bemühen sich seit mehreren Jahren um einen derartigen inter- und transdisziplinären Diskurs und sehen dieses Memorandum als Anstoß, diesen Diskurs zu konsolidieren.

https://www.psychologie-heute.de/gesundheit/artikel-detailansicht/42273-memorandum-reflexive-neurowissenschaft.html . Aufruf 11/2024

Das war es also nun, dass Statement in eigener Sache. Wie gehabt ist allein die mittlere Ebene des Gehirns, faktisch die *Meta-Daten-Bank,* jenes cerebrale Areal, welches alles Geschehen steuert und das ureigenste Selbst des Gehirns darstellt, nicht zu definieren. Trotz Hightech-Unterstützung hochauflösender Gerätschaften, Computer-gestützter Untersuchungs- verfahren und subtilsten Messmethoden wird auch in nächster Zukunft die Frage offen bleiben, wer wir sind, was wir sind. Ob Sie das nun akzeptieren können oder sich weiter in Ihrer lauwarmen Komfortzone suhlen wollen: Es ist die ihrige Entscheidung. Doch allzu weit werden Sie mit dieser Einstellung nicht kommen. Erklärungsversuche hinsichtlich bestimmter Erkrankungen wie Morbus Parkinson, Alzheimer, der multiplen Sklerose oder auch der Depressionen warten noch heute geduldig auf eine Antwort. Zelluläre Ebene hin, molekulares Geschehen her. Die medikamentöse Therapie mit Antidepressiva und anderen Medikamenten ist auch nicht so berauschend, wie es meist, wen wundert es, von den sie vertreibenden Pharmakonzernen, beschrieben wird. Es ist, wie so oft in der heren Medizin, ein herumstochern im dichten Nebel. Denn, je mehr im Detail geforscht wird (*beachte das Elektronen- Mikroskop*), um so komplexer wird die ganze Angelegenheit. Ob denn tatsächlich alles auf biologischen Prozessen basiert, bleibt bei allem Respekt vor der Thematik, abzuwarten. Ohne hier esoterisch werden zu wollen: die Metaphysik wird eine tragende Rolle spielen. Wir sehen es im Moment nur noch nicht, da ein Großteil der Menschheit immer noch dem materiellen Wahn verfallen ist. Und ein anderer, nicht zu vernachlässigender Anteil, ist schlichtweg am verblöden.

„Zur Markierung und Artikulierung des in beständigem Fluß befindlichen und in ununterbrochenem raumzeitliche Konnex stehenden Wirklichen, zur exakten Gliederung des Realen, zur Vermeidung vager Angaben, treffen wir unter den Elementen der Wirklichkeit eine willkürliche Auswahl, und ziehen Striche und Grenzen, wo keine sind.„

Die Philosophie des Als-Ob,
Berlin 1911, Seite 470
Hans Vaihinger

Ihnen ist schon bewusst, dass Ihre momentane schöne Lebenssituation fast ausschließlich auf glücklichen Zufällen beruht und Sie in ganz für ihren weiteren Lebensweg entscheidenden Situationen, einfach nur Glück gehabt haben. Punkt.

Ja, natürlich oder sind Sie schon pathologisch borniert, dass Sie die bisher gemachten Ausführungen nicht rational analysieren können oder sie sind eben völlig verblödet.

Tut mir leid aber ich muss Ihnen so kommen, denn scheinbar verstehen Sie keine andere Sprache.

Ich habe versucht, Ihnen das, was Sie nicht sehen können, umgangssprachlich darzulegen, als auch mit wissenschaftlicher Assistenz. Somit werde ich Ihnen dann nochmals mit neuesten akademischen Erklärungen daherkommen, damit Sie dann vielleicht endlich verstehen, was für ein Produkt Sie und Ich sind.

Bei den angeblich unveränderlichen
Eigenschaften einer Persönlichkeit handelt es
sich also meistens um Merkmale, auf die keine
Änderungsreize einwirken, so dass man sie
leicht für konsistent halten kann. Sofern sich
jedoch eine entsprechende Situation einstellt,
in der das Gehirn mit der betreffenden
Eigenschaft nicht mehr weiterkommt, keinen
Effekt mehr erzielen kann, entfaltet es wieder
seine volle Flexibilität-und der Charakter fällt
zusammen wie ein Kartenhaus.

(Niels Bierbaumer-Dein Gehirn weiß mehr als Du denkst. Seite 54)

Sozusagen wenn der Schein trügt bzw. wie
eine Fahne im Wind, um es einmal frei mit
meinen eigenen Worten zu übersetzen. Oder
um es mit Friedrich Schiller in seinem
Wallenstein auszudrücken

Von der Parteien Gunst und Hass verwirrt,
schwankt sein Charakterbild in der
Geschichte

Was nun, stellt sich immer in einer bekannten Fernseh-Polit-Sendung die Frage. Wie auch immer ich jetzt fortfahre (natürlich weiß ich schon wie), sind Sie immer noch nicht so ganz überzeugt ?!

Na klar, bei diesen Brocken an Aussagen und Argumenten versucht ihr Hirn immer noch verzweifelt einen Ausweg zu finden, um doch nicht ganz so ‚Pardon, armselig in diesem grenzenlosen Meer an Für und Wider alleine dazustehen.

Aber nur Mut. Rund acht Milliarden Mitmenschen teilen unsere beiden Schicksale.

Wobei Schicksal, nun, ich halte nicht viel von einem Schicksal, denn es würde meine Argumentation ad absurdum führen.

Denn es gibt kein Schicksal, nach meiner Ansicht. Alles Zufall, und zwar purer Zufall. Doch dazu später. Da halte ich es eher mit Schiller`s Piccolomini

In deiner Brust sind deines Schicksals
Sterne

Ein Bewusstsein, Ihres und meines, existiert nur, weil wir darüber eine Aussage tätigen können, was wir erleben, was wir gerade tun und lassen,wie es uns geht.

Die Annahme, dass es sich beim Bewußtsein um autarke Funktionen handelt, ist eben nur eine Annahme. Eigentlich pure Spekulation.

Wie die verschiedenen Untersuchunsmethoden und Techniken zeigen, arbeiten die entsprechenden Hirnregionen gleichzeitig an unterschiedlichen Aufgaben. Und das bei acht Milliarden Menschen.

Natürlich ist das menschliche Gehirn einzigartig-
aber eben acht Milliarden Mal.

Und, um schon einmal eine Aussage in diesem Buch zu bekräftigen bzw. zu antizipieren:

Glück und Zufälligkeiten überwiegen und überwogen in Ihrem (und meinem) bisherigen Leben. Nein? Aber sicher doch.

Was denken Sie wo Sie heute wären, gäbe es kein Sozialstaat-Gefüge, keine Schulen und die wenigen großen und ganz vielen kleinen Glücks-Zufälle, die Sie zu dem machten, was sie heute sind, so Sie denn immer noch denken, Sie seien etwas Besonderes.

Alles Seiende auf chemische oder physikalische
Formeln bringen zu wollen ist immer ziemlich
aussichtslos. Das Lebendige mag sein was es will, es ist
aber auf keinen Fall linear. Es gibt kein
Berwertungskriterium oder Maßsystem, mit dem das
Unmeßbare im wirklichen Leben kommensurabel
gemacht werden könnte. Wir beschreiben nur unseren
Zwecken entsprechend, erklären aber nichts. Wo
scheinbar die größte Ordnung herrscht, sind
Verwirrung und Unklarheit schon vorprogrammiert. Die
Logik eignet sich nicht zur Beschreibung biologischer
Muster. Eine Belastung mit Qualitäten erschwert immer
die methodische Aufgabe. Statische Gesetze sind etwas
grundlegend anderes, als dynamisch-lebende
Strukturen. „Unauflösliche Unauflösliche Widersprüche
entstehen (erst), wenn man die Tatsache des Flußes im
Leben erklären will.„ Wie Leben entsteht, hat noch
niemand kausal erklären können. Wie das Ei den
Organismus formt, bleibt eine offene Frage. Was immer
wir messen ist nicht die lebende Wirklichkeit, sondern
ein Mechanismus, der auf seine technischen
Funktionsmöglichkeiten hin geprüft wird. Der
Organismus wird zur Maschine, die nach abstrakten
Prinzipien hin beurteilt wird.

Laurent Verycken, Formen der Wirklichkeit -
Auf den Spuren der Abstraktion, Penzberg, 1994

Mit den nachfolgenden Zeilen, möchte ich dem Leser zeigen, das nicht nur die Neurowissenschaften bzw. Medizin ihre argen Probleme und Schwierigkeiten aufweisen. Alle die Wissenschaften die sich mit der Entstehungsgeschichte des Menschen, seiner Herkunft und seinem Werdegang befassen, zeigen hochsignifikante Defizite und Fehlbeurteilungen auf. Da verwundert es kaum, das eine Theorie oftmals der anderen widerspricht und die Gralshüter der Wissenschaften diesen Unsinn dann noch dem staunenden Mitmenschen als spektakuläre wissenschaftliche Erkenntnis verkaufen.

Es geht hier nicht um ein verunglimpfen oder kompromittieren von wissenschaftlichen Theorien oder Statements; allein einen Fehler einzugestehen von entsprechender Seite wäre schon ein großer Fortschritt. Aber diesen Charakterzug wird man höchst selten finden.

So möchte ich dann den Leser einmal fernab von Neurowissenschaften darüber informieren, was die wissenschaftlichen Kollegen anderer Abteilungen so alles fabrizieren. Hier ist die Verblödung ebenso gegeben wie bisher im täglichen Leben, sogar sehr evident.

Wir werden etwas über Wissenschaft im Allgemeinen und ihre speziellen

Fachabteilungen im Besonderen erfahren. Höchst interessant, wie ich finde.

Eine Definition von Wissenschaft ist z. B. *„das auf den Zusammenhang der Dinge Gerichtete, die dinghaften oder geistigen und kulturellen Erscheinungen methodisch erforschende, d. h. Ordnende, erklärende, begründende und wertende Erkenntnisverfahren."*
Eine andere Worterklärung besagt, dass Wissenschaft die *„Summe der logisch geordneten Erkenntnisse über ein bestimmtes Gebiet"* sei, welches *„ eine Anzahl an Erfahrungstatsachen umfasst, die durch Hypothesen und Theorien miteinander ergänzt und verbunden werden."*
Der Begriff Theorie leitet sich ab vom griechischen *„theorein"*, wörtlich: die *„Schau des Göttlichen"* oder *„Anschauung, Beobachtung* oder *„Betrachtung"*. Nach dem griechischen Philosophen Aristoteles (384 – 322 v. Chr.) war Theorie die Fähigkeit der Vernunft zur Erfassung der höchsten Begriffe und Urteile, zu denen das induktive (vom Besonderen aufs Allgemeine schließende) Forschen führt. Eine heutige allgemeine Definition versteht unter Theorie ein *„System*

wissenschaftlich begründeter Aussagen zur Erklärung bestimmter Tatsachen oder auch Erscheinungen und der ihnen zugrunde *liegenden Gesetzmäßigkeiten"*. Unter „*Hypothese*" versteht man Letztendlich einen **Prototypen einer Theorie**, also eine **unbewiesene Annahme**, die bestätigt wird oder sich als falsch herausstellt. Nachfolgend beschreibe ich anhand von drei Beispielen , was in verschiedenen wissenschaftlichen Disziplinen unter „*Wissenschaft*" so alles verstanden wird.

Beginnen wir mit der medizinischen Wissenschaft. Seit ewigen Zeiten postuliert ihre kardiologische Teildisziplin, dass sogenannte Myokardinfarkte (Herzinfarkte) durch verstopfte Herzkranzgefäße, Thrombosen oder Embolien, und seltener,durch sogenannte Gefäßspasmen (Krämpfe) verursacht werden. Dies stützt sich, und der Leser liest das richtig, unter anderem auf Beobachtungen und Experimente aus dem 17. Jahrhundert. Kurze Zeit darauf wurde aber schon erkannt, und bis heute durch zahllose Studien belegt, dass diese Herzerkrankung und ihre Ursachen im neuropsychischen Kontext zu suchen ist: Letztendlich handelt es sich um ein reines Stoffwechselproblem des

Herzmuskels, der praktisch übersäuert und abstirbt. Dennoch rückt die Medizin von ihrer antiquierten Ansicht nicht ab und verteidigt aus reiner Profitgier diese längst überholte Theorie der verstopften Arterien. Natürlich zählen auch hier einmal mehr die Interessen der Pharmaindustrie, einer raffgierigen Herzchirurgie und die Angst der Hochschulmedizin, diesen Irrtum einzugestehen.Dies ist nicht polemisierend gemeint, sondern grausame Realität. Abgesehen davon: unser leckeres Frühstücksei und sein Cholesterin waren nach der gängigen Lehrmeinung für verheerende Schäden im Organismus verantwortlich. Heute muss dann die Medizin kleinlaut diesen *„Irrtum"* eingestehen und ad absurdum führen.

Irrungen – Wirrungen,
meint Theodor Fontane

Aber ebenso erhält man in fast allen Bereichen der Krankheitsätiologie die unisono vorgetragene Antwort, dass Erkrankungen oftmals multifaktoriell bedingt seien. Besser gesagt, man *weiß es nicht* so genau. Ein anderes Mal, und heute aktueller denn je, heißt es, den Dingen auf der molekularen Ebene zu

Leibe zu rücken oder die Gene wären schuld. Doch auch das ist müßig. Denn jede Ursache hat wiederum eine Ursache. Dieses Gesetz der Kausalität ist bis heute, Gott sei Dank, allseits anerkannt.

Bis heute hat die sog. HighTechMedizin, die Organe verpflanzen kann und aufgrund der Genanalyse eines Menschen auf seine Krankheitsdisposition schließen will, kein vernünftiges Mittel gegen einen banalen Schnupfen. Sei es die *Rhinitis acuta* oder das Nare-Syndrom, die *Rhinitis vasomotorica*. Wie kann wissenschaftliche Akribie und Exaktheit, der generelle Anspruch auf logische Erklärung ein Fundament von Wissenschaft sein, wenn unzählige Gründe für eine Erkrankung vorliegen können, aber nicht müssen, weil sie wiederum statistisch nicht immer zutreffen, und man oftmals gar nicht weiß, warum eine Erkrankung entsteht. Dennoch gibt es hier die tollsten Theorien, die wiederum allseits wohlwollend akzeptiert werden, obwohl sie manchmal groteske Widersprüche in sich tragen. Der durchtrainierte Sportler, der am plötzlichen Herzinfarkt verstirbt, obwohl er nicht die Spur einer verengten Coronararterie aufweist; oder der sibirische Bauer, der nie geraucht hat und fünfzig Jahre seines Lebens stets die frischeste und klarste Luft seinen Bronchien zukommen ließ, stirbt am Lungenkrebs. Und übrigens: die genaue Ursache eines Schnupfens ist auch bis heute nicht eindeutig geklärt.

Wenden wir uns kurz der Theologie zu.,die später noch genau analysiert werden soll.

Als universitäres Studienfach an den entsprechenden kirchlischen Hochschulen etabliert, wird sie doch von den anderen Wissenschaften hinter vorgehaltener Hand milde belächelt. Als Wissenschaft von Gott und seinen Offenbarungen befasst sie sich mit einer als wahr angenommenen Religion, ihrer Offenbarung, Historie und Überlieferung. Auf die eklatanten wissenschaftstheoretischen Defizite der Theologie kann ich hier nicht eingehen.

Sie sind aber in höchstem Masse ebenso interessant wie bedenklich stimmend.

Da gibt es beispielsweise die sogenannten Gottesbeweise, die die Existenz eines universalen Schöpfers und Lenkers darlegen sollen. Obwohl sie längst obsolet sind, werden sie in Fachkreisen doch noch diskutiert. Diese Gottesbeweise sind ein Konglomerat philosophischer und religiöser Ansätze, dass man nur noch mit dem Kopf schütteln kann. Und dennoch galten sie für Jahrhunderte als gegeben und wahr. Der mündige Leser findet zu diesem speziellen Thema eine Unmenge an Literatur. Ich verweise allgemein darauf.

Und noch eines: Nach gültiger theologischer Doktrin greift Gott nicht in die Geschicke des Menschen ein. Er hat dies wohl nie getan und beabsichtigt dieses auch nicht in Zukunft zu tun. Soweit so gut. Warum aber hat er dies in den alttestamentarischen Berichten und Ausführungen mehr als oft getan? Von Mose bis Hesekiel oder Jesaja war es das Privileg Gottes, stets und immer und manchmal sogar urplötzlich und ohne Warnung, einzugreifen. Ab und an wird dann von offizieller Seite verlautbart, man dürfe die Schilderungen der Chronisten nicht immer so ernst nehmen. Wie das? Gottes Wort nicht ernst nehmen? Hin und wieder versank wohl einer der biblischen Berichterstatter in einen visionären Dämmerzustand. Wie bitte? Gottes Wort die Folge eines mentalen Blackouts?

Weiter geht's zur nächsten Attraktion der Wissenschaften. Am Beispiel der Physik lässt sich auch wundervoll belegen, dass Wissenschaft letztendlich eine Errungenschaft von Menschen ist und demzufolge voller

Fehler, Widersprüche und peinlicher Beurteilungen ist. Die Suche nach der universellen Weltformel, an der schon der deutsche Physiker und Nobelpreisträger **Werner Karl Heisenberg** scheiterte, der Entstehung des Universums und seinem Aufbau gerät faktisch ins Lächerliche. Ob Stringtheorie oder Inflationstheorie, Hochenergiephysik, Einsteins Relativitätstheorie oder Quantenphysik; nichts, aber auch rein gar nichts, passt zusammen. Nach der sogenannten Inflationstheorie hat sich das Universum, unser Kosmos, nach dem sog. „Big Bang", dem Urknall, ausgedehnt.

Aus einem Tropfen Wasser wurde praktisch ein Ozean. Obwohl es bis heute keine vernünftige Basis dafür gibt, wird diese Theorie als gegeben hingenommen. Der englische Mathematiker und theoretische Physiker **Roger Penrose** hält diese Theorie einfach nur für völligen Unsinn. Je mehr in diesen Bereichen geforscht wird, um so widersprüchlicher und unübersichtlicher wird die ganze Thematik.

Als wissenschaftliche Hilfsdisziplin dient die Statistik der zahlenmäßigen Untersuchung von Massenerscheinungen. Sie ist an entsprechende Fachdisziplinen gebunden, wie z.B. Physik, Medizin, Sozialwissenschaften oder der Psychologie.

Die Statistik blickt auf eine ca. 4.000-jährige Geschichte zurück. Als ihr Begründer gilt der Jurist und Historiker **Gottfried Achenwall** (1719 – 1772).

Man unterscheidet eine beschreibende oder deskriptive Statistik, analytische Statistik und die Wahrscheinlichkeitsrechnung. Doch auch in der exakten Welt der Statistik werden offensichtlich plumpe Fehler gemacht. Wie unlängst spanische Wissenschaftler herausfanden, wird das Aufrunden von Dezimalstellen nach einem Komma von einigen Wissenschaftlern nicht richtig beherrscht.

Anstatt z. B. von 2,39 auf 2,4 aufzurunden, wird gleich auf 2,5 erhöht. Die Fehlerquote soll zwar bei Auswertung der Daten nur 4% betragen und keinen Einfluss auf wissenschaftliche Aussagen haben; aber vier Prozent sind vier Prozent. Und diese Fehlbehaftung wird in wissenschaftliche Theorien impliziert und geduldet. So großzügig ist Wissenschaft zu sich selbst.

Als der englische Naturforscher und führende Vertreter der Abstammungslehre **Charles Darwin** (1809-1882) seine Auslese und Selektionstheorie der Arten vorstellte und in seinen beiden Hauptwerken „*Über die Entstehung der Arten durch natürliche Zuchtwahl*", 1859 und „*Die Abstammung des Menschen und die geschlechtliche Zuchtwahl*", 1871, seine Erkenntnisse und Beobachtungen niederschrieb, wurde er zunächst bejubelt und gefeiert. War es doch gelungen, den Werdegang des Menschen und der Arten, wenn auch mit kleinen Unebenheiten, zu erklären. Mitnichten war das aber allerdings der Fall. Denn Darwin hat entgegen anderslautender Bekundungen nie gesagt, dass wir heutigen Menschen direkt vom Affen abstammten. Das taten dann allerdings um so mehr seine akademischen Kollegen. Nach dem Wahlmotto äffische Anatomie hin, menschliche Gene her, wird bis zum heutigen Tag doziert und deklariert, dass wir Heutigen vom Menschenaffen abstammen. Punkt.

Kurzum: Aus dem einen Affen entwickelte sich der nächst höhere; bis dann letztendlich der Jetzt-Mensch auf der Bühne des Lebens erschien.

So schön nahtlos und ebenmäßig könnte es sich ereignet haben; hat es sich aber leider nicht. Ob Neandertaler, Cro-Magnon-Mensch, Java-Mensch, Australopithecus, Peking-Mensch oder Homo habilis: nichts, aber auch rein gar nichts passt zusammen.

Und schon gar nicht konnte auch nur eine einzige Ursprungslinie bis dato ermittelt werden. Das sogenannte Missing-Link, das fehlende Glied sozusagen das I-Tüpfelchen zur Menschwerdung wurde bisher noch nicht gefunden. Und ich kündige berechtigte Zweifel an, ob man dieses Bindeglied zwischen Affen und Menschen jemals finden wird, da es vermutlich nie existiert hat. Aber auch zu dieser brisanten Thematik rollt der wissenschaftliche Tross der Paläo-Anthropologie unbeirrt durch die Entstehungsgeschichte des Menschen, rumpelt schon mal über kleine Unebenheiten, doch insgesamt stört das wenig. Mit einer unverständlichen und schon an Dummheit grenzenden Arroganz wird hochmütig lächelnd eine Erkenntnis präsentiert, die jeder Neandertaler rasch widerlegen könnte. Das ganze Dilemma beginnt schon damit, dass ein exaktes Alter des Menschen nicht angegeben werden kann. Existieren wir in unserer heutigen Anatomie seit nunmehr zwei Millionen, oder doch wohl eher erst seit rd. 100.000 Jahren? Trennten sich einst der geschickte Homo habilis und der aufrecht daherkommende Homo erectus einst im fernen Afrika, um die Menschwerdung weltweit zu organisieren? Niemand weiß es. Anderslautende Darstellungen sind schlichtweg falsch. Bei genauerer Beschäftigung mit den bisher gemachten sogenannten wissenschaftlichen Thesen zur Menschwerdung sträuben sich bei einem halbwegs logisch denkenden Menschen dann doch ganz schnell die Haare. Ein unsystematisches und wirres Darstellen von Theorien, Hypothesen und Vermutungen offenbart sich dem verdutzten und staunenden

Leser Wiederum ein Beispiel: Einmal ist der Homo sapiens, also der Jetzt-Mensch praktisch aus dem Nichts aufgetaucht. Bei anderen Gelehrten, die ihre Anhänger für weniger dumm verkaufen wollen, hatten wir dann doch schon entsprechende Vorläufer.

Der aus dem bei Düsseldorf stammenden Neandertal kommende Kollege gilt heute nach allgemeiner Auffassung nicht mehr als einer unserer Urahnen. Wir sind zwar verwandt mit ihm, stammen aber doch aus unterschiedlichen Arten, jedoch vom selben Homo erectus. Und je nach akademischer Schule und Sichtweise kann wiederum angenommen werden, dass bestimmte andere Knochenfunde wiederum als sog. Später Homo erectus oder als archaischer Homo sapiens beurteilt werden können.

Das entstammt nun nicht meiner blühenden Fantasie sondern ist tatsächlich heutige wissenschaftliche Lehre! Bei allem Respekt und auch Demut vor der altehrwürdigen Paläontologie: ideelle Auswüchse und Borderline-Symptome vermag ich schon zu erkennen. Aber kein Wunder, dass bei der

Vielzahl an Knochen, die gefunden werden, man vor lauter Bäumen den Wald nicht mehr sieht oder sehen will. Kommen dann auch noch Fakten auf den Tisch der Evolution, die vermuten lassen, dass wir heutigen gar schon seit mehr als 50 Millionen Jahren über diese Erde schreiten, entbehrt das natürlich jeglicher Logik, ist abstrus, albern; passt eben nicht ins Bild der wissenschaftlichen Ansicht. Es ist aber auch eine Crux mit diesen ganzen Fakten und Daten, Spuren, Hinweise und Methoden, mit denen das alles zustande gebracht wird. Doch zwischen den Lehrstühlen der Paläo-anthropologischen Wissenschaften beginnt es schon seit langem gehörig zu ziehen. Der unvoreingenommene Wind der Erkenntnis pfeift durch sämtliche Gelehrtenstuben und der sprichwörtliche Mief unter den Talaren wird gehörig gelüftet. Doch wie bereits erwähnt, ist dies ein Preis, den auch die Wissenschaft zu entrichten hat, wenn sich nur verkrusteten Strukturen und Gewohnheiten hingegeben wird.

Die Paläontologie, die sich vorrangig mit der Menschwerdung im speziellen und dem Werdegang des Lebens im allgemeinen befasst, ist eigentlich eine recht junge Wissenschaft. Vom griechischen Wort *„palaios"* – *„alt"* und *„onto"* – *„das Seiende"* ist sie die Wissenschaft und Lehre von der Evolution pflanzlicher und tierischer Organismen früherer geologischer Perioden. Die anfängliche Versteinerungskunde und Ausgrabungskunde (nicht zu verwechseln mit der Archäologie) avancierte recht schnell zu einer angesehenen Wissenschaft und wird seit etwa 1835 nach wissenschaftlichen Kriterien und Strukturen ausgeübt.

Ihr regulärer Begründer war der französische Naturforscher **Georges Cuvier** (1769 – 1832). Als interdisziplinäre Wissenschaft versteht sie sich als eine Art Drehachse zwischen Biologie, Anthropologie und Geologie. Teilgebiete der Paläontologie sind z. B. Die Paläozoologie, die sich mit Tieren befasst, die Paläoanthropologie, die die Stammesgeschichte des Menschen erforscht und die Paläobotanik, die sich eingehend mit fossilen (versteinerten) Pflanzen beschäftigt. Geobiologische, astrobiologische und auch paläogeographische Fächer runden diese sehr komplexe Wissenschaft ab. Und obwohl vielfältige moderne Untersuchungsmethoden den Forschenden und Lehrenden dieser Wissenschaft zur Verfügung stehen, werden unangenehme Fakten außer Acht gelassen und nach altbewährter Gelehrtentradition erst gar nicht zur Kenntnis genommen oder allenfalls milde belächelt.

Beginnen wir also nun mit einem relativ kurzen Streifzug durch die Entstehungsgeschichte des Menschen. Leider aber, so muss ich schon an dieser Stelle den ersten Einwand erheben, wird es mehr oder weniger nur ein vager Überblick werden. Denn ebenso leider kann ich bei besten Willen nicht mit bestechenden und Klaren Fakten aufwarten. Was sich bei der Durchsicht der Fakten- und Datenlage dem immer mehr verdutzten Rechercheur (also mir) und Leser offenbart, hat tatsächlich schon apokalyptische

Eigenschaften mit Verblödungstendenzen, Ich möchte nun hier nicht allzu dramatisch wirken, aber Tatsache ist wieder einmal, dass nichts, aber auch rein gar nichts zusammenpasst. Nichts, aber auch gar nichts ist geklärt. Und, um ganz nüchtern und sachlich zu bleiben, erlaube ich mir vorab schon einmal zu postulieren, dass wir de facto nichts in der Hand haben, was auch nur annähernd die menschliche Entwicklungsgeschichte in ihrem frühen Verlauf erklären könnte. Leider ist dem so.

Der deutsche Biochemiker **Frederic Vester** (23.11.1925 – 2.11.2003) schreibt in seinem Buch *„Bausteine der Zukunft"*, erschienen 1968 bei Fischer Bücherei GmbH in Frankfurt/Main, folgendes Zitat:

Wie es Rudolf Kinski, der Direktor des Instituts für Gesellschaftswissenschaften und politische Bildung ausdrückte, ist leider auch die Atmosphäre an vielen unserer Universitäten und Forschungsstätten noch ein einziger Hohn auf die Verfassungsbestimmung, dass Wissenschaft,

113

Forschung und Lehre frei seien. Denn alle drei
sind noch der Allgewalt der Professoren
unterworfen, die bei ihren Entscheidungen
nicht immer wissenschaftliche Maßstäbe
anlegen.

Neue Methoden und Ideen werden vielfach
abgewürgt, und eine mediokre akademische
Lehrerschaft wird herangezüchtet, die ihren
Schülern nicht mehr zu
sagen hat ...
Der ethische Wert einer Wissenschaft liegt vor
allem in ihrer undogmatischen Haltung
gegenüber „Wahrheit" und „Irrtum", in dem
Bewusstsein, dass Wahrheit ständig sich
ändert, weil jede neue Erkenntnis schon
wieder den Keimder Metamorphose ihrer
selbst in sich trägt.

Max Born, der große Physiker, sagte folgende
Worte, die neben ihrer Anklage
diese Hoffnung bestätigen: „Die Lockerung
des Denkens scheint mir der größte
Segen, den die heutige Wissenschaft uns
gebracht hat.
Ist doch der Glaube an eine einzige Wahrheit
und deren Besitzer zu sein die
tiefste Wurzel alles Übels in der Welt."...

Dem kann ich natürlich nichts hinzufügen. Höchstens, dass ich alle Beteiligten aufrufen möchte, dies von ganzem Herzen zu befolgen und anzuwenden. Um wie vieles leichter würde es in der Welt zugehen?!

Als dann. Beginnen wir mit einem lockeren, unvoreingenommenen und bar jeder wissenschaftstheoretischen Knebelung, Streifzug durch die frühen und ersten Anfänge des Menschen. So es denn jemals einen ersten Anfang gegeben haben sollte! Denn, wie bereits erwähnt, weiß ich gar nicht so recht, wo ich überhaupt anfangen soll; denn ein größeres wissenschaftliches Chaos und eine schier unübersichtliche und wenig geordnete Thematik im wissenschaftlichen Gewand findet man sehr selten.

Wie schon gesagt, beginnt das traurige Dilemma schon damit, dass ich nicht einmal in der Lage bin, einigermaßen gesicherte Angaben über das eigentliche Alter des Menschen zu machen. War unser Prototyp nun der sog. Homo erectus, der schon aufrecht gehende Frühmensch, welcher vor ca. zwei

Mio. Jahren sein Dasein gefristet haben soll; oder war es doch der Cro-Magnon-Mensch, der sich vor rd. 120.000 Jahren vom afrikanischen Kontinent anschickte, den heutigen Homo sapiens zu kreieren? Niemand weiß es; und dennoch brüstet man sich damit, als wäre es gesichertes Wissen. Doch weit gefehlt. Teilweise ist nach Sichtung der Fakten für mich als juristischen Laien schon fast der Rechtsbegriff der arglistigen Täuschung anzuwenden. Denn das, was sich die Wissenschaft hier erdreistet zu behaupten, kommt dem meines Erachtens schon ziemlich nahe.

Im Jahre 1979 wurden in Laetoli, im afrikanischen Tansania Fußabdrücke in ca. 3,6 Mio. Jahren alter Ascheablagerungen gefunden. Nach genauer Sichtung und Analyse der Abdrücke kamen die damaligen Wissenschaftler, speziell um die englische Archäologin **Mary Leakey** (1913 – 1996), zu dem Ergebnis, dass diese Abdrücke aufgrund ihrer anatomischen Gegebenheiten denen heutiger moderner Menschen in nichts nachstanden. Dummer- und rätselhafter Weise aber standen diese Fußabdrücke in krassem Gegensatz zu den ebenfalls 3,6 Mio Jahren alten affenähnlichen Spuren des bis dahin gefundenen Australopithecus, einem Menschenaffen. Jedoch kein Widerspruch für die Wissenschaft. Affe hin, Mensch her: die akademische Stellungnahme ist die für mich gleichsam zynische wie lapidare Behauptung, nämlich *„dass man vor einem Rätsel steht"*. Nachzulesen in der Märzausgabe der Zeitschrift *Natural History* aus dem Jahre 1990.

Ich weiß nicht wie der momentane aktuelle Stand in dieser Sache ist. Aber es würde mich keinesfalls wundern, dass man nicht noch die Dreistigkeit besitzt und behauptet, Frau Leakey habe die Abdrücke bewusst oder auch nur unbeabsichtigt von ihren eigenen Füßen in den tansanischen Sand gedrückt. Vielleicht wird ja aber auch gesagt, dass der Australopithecus seine eigenen modernisierten Füße in den Sand gesetzt hat, um evolutionären Thesen besser zu entsprechen. Vielleicht wird ja aber auch gesagt, dass der Australopithecus seine eigenen modernisierten Füße in den Sand gesetzt hat, um evolutionären Thesen besser zu entsprechen.

„Tatsächlich hat sich die Naturwissenschaft an das Kausalitätsdenken derartig fixiert, dass sie kausale Begründungen (pseudokausale oder finale) auch dort formulierte, wo allein die richtige Fragestellung diesen Unsinn hätte verbieten können. Auf die Frage, warum wohl der Giraffe ein so langer Hals gewachsen sei, antwortete sie den Schülern der Zoologie unbeanstandet durch Jahrzehnte: „Damit die Giraffe die Blätter auf den Bäumen erreichen kann." Diese Antwort hat mich als Schüler zu der anderen Fragestellung herausgefordert, warum wohl der Floh so hoch springen kann. Die richtige Antwort in dieser Logik, die mir jedoch kein Lob einbrachte, konnte nur lauten: „Damit er schon vom Knie aus ins Dekollete hüpfen kann." Finales Denken steht nicht im Gegensatz zum Kausalismus, sondern ist eins seiner Resultate. Wie sich im Denken des täglichen Gebrauchs Finales und Kausales mischt, zeigt sich in einer Inschrift, die ich 1959 vor dem Käfig der Streifenhyäne im Frankfurter Zoo fand. Dort steht tatsächlich: „Die abschüssige Rückenlinie ist die Folge eines übermäßig stark enwickelten Vorderteiles".

Dieses Zitat wiederum stammt von dem deutschen Redakteur, Lektor und weltberühmten Schriftsteller **C.W.Ceram** (1915–1972), mit bürgerlichem Namen **Kurt W. Marek**, der mit seinem 1949 erschienenen Roman der Archäologie „*Götter, Gräber und Gelehrte*" berühmt wurde.

Zu finden ist diese Textpassage in seinem 1962 erschienenen Buch „Provokatorische Notizen".

Um hier noch einmal auf unsere tansanischen Fußabdrücke zurückzukommen: Wer weiß schon, was für evolutionäre Quantensprünge bereits stattgefunden haben? Warum also *auch* nicht beim alten Australopithecus, der podologisch gesehen dem modernen Menschen gleichkommt, ansonsten mit seiner Anatomie aber noch seinen äffischen Kollegen ähnelt?! Nein. Spaß beiseite: Ich will nicht hoffen, dass diese oder eine ähnliche These bereits zur Erklärung dient.

Die folgenden Zeilen befassen sich nun mit der sogenannten Evolution, ein bis heute wissenschaftlicher Grundsatz, der bar jeder wissenschaftlichen Grundlage ist und als vordergründiges Argument etwas zu erklären versucht, was nicht zu erklären ist, wie bei der Verdummung durchaus üblich. Deswegen und darum beschränke ich mich hier nur auf das Wesentliche, um diese eigentlich obsolete Theorie zu erklären. Wie bereits erwähnt, war es Charles Darwin, der diesen völlig haltlosen Unfug zunächst aufgrund seiner langjährigen Forschungsreisen glaubte erkannt zu haben und damit eine willkommene Grundlage schuf, auf die sich heute noch die Wissenschaften berufen.

Wer wenig denkt, irrt viel

Diesen angeblichen Ausspruch des großen Universalgelehrten **Leonardo da Vinci** (1452 –1519) kann man daher zum jetzigen Zeitpunkt getrost auf die Evolutionstheorie beziehen und natürlich auch anwenden in ihrer praktischen Umsetzung. Um was geht es aber nun in der Theorie der Evolution?

Als der tüchtige Darwin seine Ansichten über die Evolution zu formulieren begann, hatten aber bereits lange Zeit vor ihm andere Gelehrte versucht, die Entwicklung und Artenvielfalt des Lebens zu erklären. Der schon erwähnte Lamarck mit seinen berühmten Giraffenhälsen oder auch der griechische Philosoph **Anaximander** (610–550 v. Chr.), der die Entstehung des Menschen aus Fischen erklären wollte, gaben sich große Mühe, dieses Wunder zu erklären.

Zu erwähnen wäre in diesem Kontext noch der österreichische Geistliche und Naturforscher **Gregor Mendel** (1822–1884), der mit seinen genetischen Erbsenexperimenten für großes Aufsehen sorgte und somit als Begründer der Erbforschung betrachtet werden kann. Allerdings wollte Mendel nun nicht unbedingt die Ursprünge des Menschen in einer Handvoll Erbsen sehen. Obwohl manche Erbsenzähler dies heute gerne so hätten. Grob gesagt, wollten alle herausfinden, warum wir sind, was wir sind. Und das bezogen auf alles, was kreuscht und fleuscht. Und noch grober erklärt, wollte Darwin samt seinen Zeitgenossen erkannt haben, dass bestimmte Merkmale einer Spezies, so sie dem Überleben dienlich ist, durch Veränderung, durch Mutation, weiter vererbt werden. Hinzu kommen noch Momente der sogenannten natürlichen Selektion, der Auslese, das Moment des Zufalls und Erkenntnisse der modernen Genetik.

Und schwuppdiwupp ist erklärt, was nicht zu erklären ist! Um noch etwas ins Detail zu gehen, muss ich den Leser mit einigen Begriffen der Evolutionstheorie bekannt machen, damit es nicht wieder heißt, man hätte nur oberflächlich gearbeitet.

Ganz allgemein zählen hierzu Begriffe wie die synthetische Evolutionstheorie, oder auch die sog. Deszendenztheorie, nach der alles Leben auf einen Prototypen, einer Urform, zurückgeht. So wird denn von Generation zu Generation und nochmals von Generationen zu Generationen weitergegeben, was denn letztendlich eine Spezies für ihr Überleben benötigt oder auch nicht. Durch Mutation und Rekombination, Anpassungsselektion, Zufallsselektion (Gendrift), Migration (Genfluss) und Isolation soll schließlich unsere jetzige Kultur bzw. der Jetzt-Mensch entstanden sein.

Hierzu Beispiele: Wale, bevor sie dann zu Meeressäugern wurden, hatten einen an Land lebenden Vorfahren. Dieser wiederum sagte sich eines Tages unter Inklusion seiner neuronalen Hirnverknüpfungen, dass es aus diesen und jenen Gründen wohl besser sei, im Wasser zu leben, statt an Land. Gedacht, getan. Nach ein paar Generationen war es dann soweit. Anstelle von Beinen waren plötzlich Flossen vorhanden und alles andere, was solch ein imposantes Tier auszeichnet, und schon stand dem Leben im Meere nichts mehr entgegen. Unser bis dato unbekannter Vorfahre, noch in gebückter Haltung oder wie auch immer daher trabend, sagte sich eines Tages, ebenfalls nach reiflicher cerebraler Strukturierung, dass es wohl besser sei im aufrechten Gang durch die Flora und Fauna der Urzeit zu wandeln, da man ja so alles besser überblicken könnte.

Gedacht, getan. Statt wie ein an Morbus Bechterew Erkrankter durch die Steppen zu rennen, wurde nunmehr preußischer Stechschritt daraus. So einfach war das!! Der Homo erectus wiederum sagte sich dann eines Tages, dass es ja vielleicht nicht unbedingt von Nachteil sein müsse, zukünftig wie seine gefiederten Freunde, am Himmelszelt durch die Lüfte brausen zu können! Aus sehr Zweckdienlichen und der Spezies überaus hilfreichen Gründen. Doch bis zum heutigen Jahre 2013 scheint sich nach meinem Dafürhalten in dieser Richtung nicht allzu viel zu bewegen. Ich jedenfalls habe bei mir persönlich noch keine Ansätze von Flügelwachstum beobachten können, obschon mehr als genug Generationen seitdem verstrichen sind.

Nein, jetzt bitte Spaß beiseite. Und dennoch werden die von mir gemachten Ausführungen so oder so ähnlich als Argumentationshilfe für die Entwicklung des Lebens herangezogen.

Einer der Ableger der traditionellen Evolutionstheorie ist die sog. Frankfurter Evolutionstheorie der dortigen Senckenberg-Forschung. Hiernach werden beispielsweise Organismen in ihrer Konstruktions-morphologie faktisch als hydraulische Konstrukte betrachtet, die bestimmtem Organisationsprozessen unterliegen, sich der Umwelt anpassen und nach der Evolution irreversibel, also nicht wieder rückgängig zu machen ist. Schließlich und letztendlich ist dann nach dieser Theorie in der Evolution nur das möglich, was die organisationsinternen Strukturen der Organismen nach ihren Ordnungsgrundsätzen zulassen.

Puh, das muss man erst mal sacken lassen und genüsslich auf der Zunge seinen Geschmacksknospen mitteilen. Aber mit etwas gutem Willen, und vor allen Dingen weniger schwülstig, kann man das Ganze auch anders ausdrücken: Ausgestattet mit einer bestimmten Form, einer Morphologie, fungieren

Organismen praktisch als wandelnde Flüssigkeitsbehälter, die gewissen Gesetzmäßigkeiten und Prinzipien unterliegen und natürlich keine Bäume in den Himmel wachsen lassen. Noch anders ausgedrückt: zwei oder drei Flüssigkeitsansammlungen in einem Organismus genügen, und schon beginnen wir uns zu entwickeln, die Evolution kann starten. Aha. Gut, ein Floh wird kaum ein Elefant werden wollen (warum eigentlich nicht?), da ihm das ja seine innere Gesetzmäßigkeit verbietet; aber der Australopithecus, der schon mit einigen Litern an Wasser, Blut und Lymphe ausgestattet war, hatte da günstigere Voraussetzungen?! Doch plötzlich kam mir beim Schreiben, dank der evolutionären Gesetzmäßigkeiten, eine Idee: Des Rätsels Lösung liegt im Wasser! Heureka, ich hab`s: Da alle Organismen fast nur aus Wasser bestehen, und Wasser schlechthin als Urstoff des Lebens gilt, braucht es nur eine Hülle und schon fährt der evolutionäre Express unaufhaltsam durch die Urzeiten.

Allein dem Wasser obliegt die Entstehung des Lebens. Es trägt alle Informationen in sich und konzipiert dann alles! Und wie beim 1519 stattgefundenen Hornberger Schießen wird erstmal drauflos strukturiert und organisiert was das Zeug hält, um dann festzustellen, dass doch so richtig nichts zusammenpasst?! Errare humanum est, oder um es mit dem römischen Kaiser Marc Aurel zu umschreiben

Akademische Bildung schützt vor Torheit nicht

Und dabei möchte ich es auch an dieser Stelle belassen!

„Es scheint mir, dass der Versuch der Natur, auf dieser Erde ein denkendes Wesen vorzubringen, gescheitert ist, denn in diesem Wesen sind tierische Instinkte mit intellektuellen Kräften so unheilvoll vermischt, dass die Mischung nicht mehr unter Kontrolle gehalten werden kann.“

Max Born

Und weiter geht's mit schnellen Schritten durch die unheilvolle Geschichte der evolutionären Mythen.

Als der Vater aller Vögel, der Urvogel Archäopteryx 1861 erstmals gefunden wurde, hatte der noch neben Reptilienschuppen schöne normal ausgebildete Federn in seinem Gefieder, obwohl hier auch schon wieder Millionen von Jahren Zeit gewesen wäre, aus dem schuppenbesetzten Urvogel einen schönen weiß gefiederten Schwan zu machen. Doch mitnichten. Denn an irgendwelchen dubiosen inneren Struktur und Organisationskriterien kann es ihm ja nicht gemangelt haben. Kurioserweise verschwand der Vogel dann doch ziemlich abrupt und schnell vom Catwalk der evolutionären Träume.

Oder nehmen wir seinen Kollegen aus der Abteilung Fische, den Quastenflossler oder auch „Hohlstachler" genannt. Lange betrachtet als möglicher Urahn der Landwirbeltiere, galt er sogar für eine Zeitlang als Vorfahre des Menschen. Nach fossilen Funden soll der robuste Fisch vor etwa 400 Mio. Jahren durch die praesintflutlichen Ozeane geschwommen sein, bis er dann vor rd. 65 Mio. Jahren, zusammen mit den Dinosauriern, abrupt von der paläontologischen Bildfläche verschwand.

Allerdings wurde er dann im Jahre 1938 recht munter und wenig verstaubt vor der Küste Südafrikas gesichtet. Da der Quastenflossler ein partiell verknöchertes und mit Muskulatur versehenes Skelett der Brust- und Bauchflossen aufweist, wurde recht schnell von wissenschaftlicher Seite großspurig und vorschnell postuliert, dass man nun das fehlende Glied zu den Landwirbeltieren gefunden hätte. Denn demnach konnte sich dieser Superprototyp dank seiner Muskeln auch an Land fortbewegen.

Und nun, man lese und staune, wird wissenschaftliche Exaktheit ersetzt durch Mutmaßungen und Eventualitäten. Die heutigen Quastenflossler, sogenannte rezente Arten, haben wohl, so wird vermutet, keine großartige genetische Übereinstimmung mit ihren Urahnen, obwohl sie doch fast so aussehen. Okay, sieht aus wie ein Gorilla, hat identische Verhaltensweisen eines Gorillas, bevorzugt dieselbe Nahrung, hat dasselbe Sozialgefüge und artikuliert sich wie ein Gorilla; ist aber kein Gorilla, da er eben ein Pavian ist. Aha …Der Quastenflossler verfügt auch über ein rudimentäres, quasi lungenähnliches Organ, so wie seine Kumpel aus der Riege der Lungenfische, das als Indiz gilt für seine Affinität, einmal an Land zu wollen. So so …Denn aus seinen knöchernen Bauchflossen sollten sich dann die Gliedmaßen der Landwirbeltiere entwickelt haben. Oh nein, Entschuldigung, diesen evolutionären Übergang, so die Wissenschaft, hat dann wohl doch der Lungenfisch übernommen. Bei so vielen Vermutungen, Indizien und Analogien zu anderen Tieren lasse ich den Quastenflossler dann doch lieber seine Bahnen in den unendlichen Weiten der Ozeane ziehen, würde mich aber auch sehr freuen, wenn ich einst ein Exemplar durch die Stadt gehen sehen würde. Mit Verlaub.Der Gedanke, dass Menschen bereits vor Jahrmillionen auf der Erde wandelten und nicht erst seit relativ kurzer Zeit, ist fast so alt wie die paläontologische Wissenschaft Im Jahre 1845 wurden in Sansan, Südfrankreich, Knochenfragmente des Pliopithecus gefunden, einer Primatengattung bescheidener Größe, die als Vorläufer der heutigen Gibbon-Affen zählen und im Miozän gelebt haben sollen. **Edourad Armant Lartet** (15.4.1801– 28.1.1871), ein französischer Jurist und Urzeitforscher vermerkte über seinen Fund folgendes:

„auf diesem Stück Erde lebten einst Säugetiere, die auf einer viel höhern Stufe standen, als jene, die es heute gibt ...Verschiedene Stufen der Rangleiter tierischen Lebens waren hier vertreten, bis hinauf zum Menschenaffen. Eine höhere Form, die menschliche Art, ist nicht gefunden worden ... von ihrer Abwesenheit in diesen frühen Schichten dürfen wir jedoch nicht voreilig darauf schließen, dass sie nicht existierte ... "

(M.Boule und H.V. Vallois 1957 Fossil Men London)

Im Jahre 1912 erschien im *The Geological Magazine* ein Bericht des Geistlichen, Geophysikers und Geologen **Osmond Fisher** (1817–1914). Das Mitglied der Geologischen Gesellschaft von London und des *Kings College London*, der auch seine mathematischen Kenntnisse in die Wissenschaften einbezog, hatte eine interessante Beobachtung getätigt, die aber wieder sehr schnell im Meer des wissenschaftlichen Vergessens verschwand:

„Als ich bei Barton Cliff (bei Hampshire, England. Der Verfasser) *nach Fossilien aus dem Eozän grub, fand ich einen Gegenstand aus einer gagatähnlichen Substanz, der an die 9 ½ Zoll (24 cm) im Quadrat maß und 2 ½ Zoll (6,5 cm) dick war. Zumindest auf einer Seite waren, wie mir schien, noch die Spuren des Behaus sichtbar, der ihm die so gut wie quadratische Form gegeben hatte. Das Stück befindet sich jetzt im Sedgwick Museum in Cambridge."*

Wenn Mister Fisher hier auch eine augenscheinliche Vermutung äußert, so ist doch die Evidenz des Zufalls mit anderen Funden bemerkenswert und kann nicht mehr als zufällige Häufung abgetan werden.

Als an einem Montag, den 18.8.1887, der französische Theologe und Geistliche **Abbe L. Bourgeois** (28.4.1819–19.6.1878) seinen hauptamtlich tätigen Kollegen des Pariser Kongresses für Archäologie und prähistorische Anthropologie seine Entdeckung vorlegte, ahnten wahrscheinlich nur wenige Anwesende die Dimension, die diese Entdeckung angenommen hätte, wäre sie denn nur richtig gewürdigt worden. Denn das, was der redliche Priester bei Grabungsarbeiten in der südwestlich von Paris an der schönen Loire gelegenen Stadt Orleans gemacht hatte, müsste auch der berühmten Tochter der Stadt, Jeanne d`Arc, gefallen haben. Auch wenn dieser Fund alles andere als jungfräulich war.

Der seriöse Theologe, der sich neben seinem Gott schon seit Jahrzehnten eben auch mit handfesteren archäologischen Themen befasste, tischte den staunenden Mitstreitern Feuersteingeräte auf, die ins frühe Miozän oder auch ins Oligozän datiert wurden.

Neben diesen Feuersteingeräten, die später experimentell bestätigt wurden, konnte der

133

tüchtige Bourgeois auch mit anderen Werkzeugen aufwarten, die er in der gleichen Kalksteinformation gefunden hatte, wie eben jene Feuersteingeräte.

So fand er neben Bohrwerkzeugen und Klingen auch Schaber, die Spuren menschlicher Bearbeitung aufwiesen. Dass aber Werkzeuge, die ein Alter von rund 25 Mio. Jahren haben sollten, passte selbstverständlich nicht in die menschliche evolutionäre Mär und wären wohl lieber wieder in ihr kühles Kalksteinbett zurück verfrachtet worden. Doch dazu war es zu spät.

Lange Zeit standen die Funde des Abbe im Mittelpunkt wissenschaftlicher Streitigkeiten, wobei dann aber die positiven Gutachten überwiegten. Natürlich steht auch nach wie vor die Meinung im Raume, ein äffischer Vorfahre hätte dies alles fabriziert. Allerdings möchte ich hier den Einwand erheben, noch keinen Orang-Utang oder Gorilla gesehen zu haben, der sich mittels Feuersteingerätenein pflauschiges Lagerfeuer bereitet hat. Oder doch?

Prof W. G. Burroughs, Chefgeologe am *Berea College* im U.S. Bundesstaat Kentucky berichtet von einem Fund menschenähnlicher Fußabdrücke, die letztlich einem Alter von 300 Mio. Jahren entsprechen würden. Der in einem Museeum verewigte Wissenschaftler schreibt dann auch in seinem rd. 70 Jahre alten Bericht von …

„ *Geschöpfen, die zu Beginn des Oberen Kohlezeitalters auf ihren zwei Beinen gingen, mit Füßen, die menschlichenähnlich waren, und auf einem Sandstrand im Rockcastle County, Kentucky, Spuren hinterlassen haben. Es war die Zeit der Amphibien, in der die Tiere sich auf vier Beinen vorwärts bewegten oder – seltener – vorwärtshoppelten und Füße hatten, die keineswegs an menschliche erinnerten. Aber in Rockcastle, Jackson und mehreren anderen Countys in Kentucky, sowie an verschiedenen Stellen zwischen Pennsylvania und Missouri, existierten Geschöpfe mit Füßen, deren Erscheinungsbild auf seltsame Weise an Füße von Menschen gemahnt, und die auf zwei Hinterbeinen gingen. Der Verfasser dieser Zeilen hat die Existens dieser Geschöpfe in Kentucky nachgewiesen. Durch die Mitarbeit von Dr. C. W. Gilmore, dem Kustus der Abteilung für Paläontologie der Wirbeltiere an der Smithsonian Institution, konnte gezeigt werden, dass ähnliche Wesen auch in Pennsylvania und Missouri lebten … Die Fußspuren haben sich in die waagerechte*

Oberfläche harten und massiven grauen Sandsteins auf der O-Finnell-Farm eingedrückt. Es gibt drei Paare von Abdrücken mit linken und rechten Füßen ... Jeder Fußabdruck weist fünf Zehen und einen deutlichen Spann auf. Die Zehen sind gespreizt, wie bei einem Menschen, der nie Schuhe getragen hat ... Die Sandkörner auf den Abdrücken liegen enger beieinander als die Sandkörner des Felsens unmittelbar außerhalb der Fußspuren, was auf den Druck zurückgeht, den die Füße des Geschöpfs auf den Untergrund ausübten. Am dichtesten liegen die Sandkörner an der Ferse, doch selbst unter dem Spann sind sie noch näher zusammengerückt als außerhalb desAbdrucks ... Der Druck auf die Ferse war natürlich größer als auf dem Vorderfuß. "

Dass Prof. Burroughs sich mit seiner Theorie der vorzeitlichen Menschen in bester Gesellschaft befindet, kann man auch an den Äußerungen seines akademischen Kollegen **Max Verworn** sehen.

Der deutsche Physiologe (1863–1921), welcher sich wissenschaftlich und hauptberuflich mit den natürlichen Funktionen der menschlichen Zellen befasste, hatte auch eine große Passion für das Gebiet der prähistorischen Archäologie. Ganz unumwunden bemerkte dann auch dieser charismatische Wissenschaftler, dass es bereits Menschen zu einer Zeit gegeben haben musste, zu der uns die Schulwissenschaft allenfalls das Entwicklungsstadium eines Froschlurchen zubilligen würde.

Prof. Verworn war nun nicht irgendein wissenschaftlicher Freidenker und aufmüpfiger Rebell, sondern ein durch und durch vehementer Verfechter der darwinschen Evolutionstheorie, der dennoch das Attribut der Unvoreingenommenheit und absoluten Objektivität bewahrte.

So schreibt Verworn dann auch in einem 1905 erschienenen Bericht: „

Die Tatsache, dass die aufgefundenen Skeletteile des Menschen uns unsere pleistozänen Vorfahren im Wesentlichen bereits auf unserer jetzigen morphologischen Entwicklungsstufe zeigen, der auf dem Boden der Evolution steht, höchst wahrscheinlich machen, dass die Anfänge der Entwicklung unseres Geschlechts und seiner spezifisch menschlichen Charaktere weit über das Pleistozän zurükkreichen, mindest bis in die Tertiärzeit hinein."

Eine solche Äußerung würde heutzutage in den wissenschaftlichen Gestühlen ein merkliches Hin- und Herrücken verursachen, trotz aller Selbstbekundungen der wissenschaftlichen Freiheit und Toleranz. Allerdings beruhigt der weitsichtige Verworn seine irritierten Kollegen sofort mit einer Relativierung seiner Äußerung, die aber zeigt, das neuartige Entdeckungen und starre wissenschaftstheoretische Regeln sich nicht unbedingt gegenseitig aufheben.

Verworn schreibt weiter in seinem Bericht:

„Trotz dieser theoretischen Forderung der Naturforschung ist die moderne Wissenschaft nur sehr zögernd an die Frage nach dem tertiären Menschen herangetreten und hat sich allen Angaben über die Spuren desselben außerordentlich mißtrauisch gegenübergestellt. Durchaus mit Recht, denn in aller wahren Wissenschaft muss jede Erkenntnis erst das Feuer des Zweifels passiert haben, ehe sie Anerkennung finden darf."

Nun war Verworn aber kein bloßer Theoretiker, sondern auch ein handfester Praktiker, der sein Wissen durch unzählige Ausgrabungen und Untersuchungen erwarb, beispielsweise durch Funde von Feuerstein-geräten und Schaber wie schon sein Kollege Bourgeois. Nach ausführlicher Darstellung seiner wissenschaftlichen Methodologie und Arbeitsauffassung kommt der Wissenschaftler in seinem Bericht dann zu folgendem Schluss:

„Finde ich in einer interglazialen Geröllschicht einen Feuerstein, an dem eine deutliche Schlagbeule zu sehen ist, sonst aber kein weiters Symptom absichtlicher Bearbeitung, so werde ich zweifelhaft sein, ob ich ein menschliches Manufakt vor mir habe. Finde ich dagegen einen Feuerstein, der auf der einen Seite die typischen Schlagerscheinungen zeigt und der auf der Rückseite noch die Negative von zwei, drei, vier anderen, in der gleichen Richtung abgesprengten Abschlägen trägt, befinden sich ferner an einer Kante des Stückes zahlreiche, parallel nebeneinander verlaufende kleine Schlagmarken, die alle ohne Ausnahme von der gleichen Seite des Randes her abgeschlagen sind, erscheinen schließlich die übrigen Kanten des Stückes vollkommen haarscharf ohne eine Spur von Schlagmarken oder Spuren der Abrollung, dann kann ich mit unerschütterlicher Sicherheit sagen: Es ist ein ManufaktDerartige völlig einwandfreie Stücke habe ich nun in größerer Zahl am Puy de Boudieu eigenhändig aus der ungestörten Schicht entnommen . Damit ist der unerschütterliche Beweis für die Existenz von feuersteinschlagenden Wesen im Ausgang der Miozänzeit geliefert."

So gesehen haben wir es jetzt einmal offiziell, hochamtlich, wenn man so will.

Allerdings muß ich zugeben ,das es in diesen Bereichen hier etwas, aber auch nur ein ganz klein wenig, komplexer zu sehen ist.

Hatte man zunächst eine plausibel und halbwegs schlüssig formulierte Theorie wurde diese trotzdem weiter aufrecht erhalten" obwohl, wie gelesen, neue Erkenntnisse eine zwingende Revision erfordern.

„Ich glaube nicht an den Fortschritt, sondern an die Beharrlichkeit der menschlichen Dummheit.„

,

Oscar Wilde ·

Also entweder haben wir es hier mit einer hochgradig akademischen Verblödung zu tun oder aber, um nicht vor Scham im universitären Boden zu versinken hält Wissenschaft erzkonservativ, gleichwohl rigide und starr an ihren geistigen Konglomeraten fest. Natürlich auch um gutdotierte Lehrstühle die so weit über dem gesunden Menschenverstand schweben, zu erhalten.

Wie gut ist es dann zu wissen, das der größte Schwachsinn eine soziale Akzeptanz findet.

Jahrhundertelang war es Tradition, die den wissenschaftlichen Methoden zugrunde liegenden Wertungen zu verschweigen. Im Bann der aristotelischen Theorie wurde geglaubt, daß unsere Erkenntnis ein getreues Spiegelbild der Wirklichkeit sei und die menschliche Vernunft fähig, die Wirklichkeit in Begriffen zu erfassen. Solange ARISTOTELES die wissenschaftliche Welt bestimmte, wurde daran auch nicht wirksam gezweifelt. Der erste ernsthafte Gegner des ARISTOTELES war WILHELM von OCKHAM. Der Universalienstreit, den OCKHAM damals entfachte, ist in der wissenschaftlichen Welt bis heute nicht endgültig entschieden - wohl wegen der radikalen Folgen, die eine konsequente Anerkennung des OCKHAMschen Denkens haben könnte. Die Negation der rationalen oder logischen Grundgleichung ist das beherrschende Moment in OCKHAMs Philosophie. Im reinen Nominalismus entbehren die Begriffe jeglichen objektiven Fundaments. Begriffe besitzen nur mehr als psychische Akte Realität und haben nichts als subjektive Bedeutung.

„Die ausschließliche Singularität alles Seienden, die Leugnung jeglicher

extramentalen Realität des Allgemeinen, hatte die Begriffe und ihre Objekte auseinandergerissen.„

Auch BERKELEY und HUME waren, als sie die von subjektiven Vorstellungen unabhängige Realität materieller Substanzen leugneten, wie OCKHAM mit der communis opinio, dem aristotelischen Denken, das sich an das Sein der physischen Objekte hält, in Konflikt geraten. In der Alltagslogik, bzw. im gesunden Menschenverstand, nehmen wir die Begriffe ohne viel Nachdenken für die wirkliche Welt. Die automatische Verwendung der Wörter haben wir bereits als Kinder gelernt. Kinder setzen mit der größten Selbstverständlichkeit Wort und Sache gleich. Sie glauben, jedes Ding habe seinen richtigen Namen. Mit der allmählichen Gewöhnung an den Gebrauch der Sprache im täglichen Umgang verwischen sich die konkreten Bedeutungen der Dinge immer mehr und machen weitergefaßten Verallgemeinerungen Platz, bis am Ende geglaubt wird, auch die abstraktesten Gegenstände wären konkret greifbar. Es gibt kaum jemanden, der sich unter den gegebenen Erziehungsbedingungen vom einmal erlernten Sprachgebrauch - und dem damit verbundenen Denken - wirksam zu emanzipieren vermag. Die meisten Menschen bewegen sich im Reich der Hypothesen und Spekulationen, wähnen sich aber in der Wirklichkeit. Die, je nach Gemütslage, heile oder angstvolle Welt der naiven Realisten ist eine vom Erkennen noch nicht durchdrungene Welt - eine unreife Welt. In Illusionen verfangen liebäugeln die Leute mit einer idealen Welt-ansich oder verzweifeln an einer solchen.

Die natürliche Weltansicht ist ein Geschöpf des praktischen Lebens. Die Alltagswelt ist zwar grob und vereinfacht bis entstellt, aber praktisch bequem. Es wäre oft mühsam und erschiene uns unnütz, die Gegebenheiten über ein allgemeinverständliches Maß hinaus zu präzisieren. Wir treffen viele Unterscheidungen und damit Entscheidungen, rein gewohnheitsmäßig. Gewohnheit ist eine wesentliche Kategorie des alltäglichen Denkens.

„Der Einfluß des Denkens ... entspringt aus der inneren Notwendigkeit, in einem unsteten Wechsel der Sinneswahrnehmungen, Begierden und Gefühle ein Festes zu stabilisieren, das eine *stetige und einheitliche Lebensführung möglich macht."*

Unkritisch-alltägliche Begriffsbildungen sind auf Generalisierung eingestellt und deshalb nur ungefähre Bezeichnungen. Sie sind bloß so übernommen und nicht reflektierend erarbeitet. Deshalb sind auch die Dinge und das Ich so deutlich, so einfach und ohne Fraglichkeit. Das Selbstverständliche pflegt am wenigsten gedacht zu werden. Sobald aber die selbstverständlichen Unterscheidungen des gewöhnlichen Lebens geklärt werden sollen, dann zeigen sich sofort schwere Unklarheiten und Widersprüche; dann sehen wir, daß diese Ansichten unfertig und unzulänglich sind, daß sie erst noch zuende gedacht werden müssen. So, wie wir uns im naiven Bewußtsein die Wirklichkeit denken, ist sie unklar und widerspruchsvoll. Wenn wir der Alltagslogik auf den Grund gehen, treffen wir auf selbstwidersprüchliche Vorstellungen, auf Begriffsbildungen, die eigentlich nach gegensätzlichen Richtungen auseinandergehen und sich dann zwangsläufig als Problem darstellen. Wer praktisch denkt, kann sich nur ein gewisses Maß an Nachdenklichkeit erlauben.

Darüber hinaus wäre er nicht mehr handlungsfähig. Die alltägliche Konversation in Gemeinplätzen sichert darum eine Welt, die stillschweigend für selbstverständlich gehalten wird. Die Typisierungen des Alltagslebens werden als gesellschaftlich bewährt erlebt. Das abstrakt-allgemeine Denken beruhigt und gibt ein Gefühl der Geborgenheit. Die Sicherheit des gewöhnlichen Verstandes ist die Sicherheit der Allgemeinheit der Vorstellungen. Allgemeinheit bedeutet Konfliktlosigkeit. Wir glauben, uns am besten zu verstehen, wo wir die allgemeinsten Begriffe gebrauchen. Das Abstrakteste gilt oft als das Gewisseste. Die gewöhnliche Verwendung der Sprache und der Gebrauch der Alltagslogik haben immer die Tendenz, die Wirklichkeit gegen Veränderungen zu immunisieren. In alltäglicher Befangenheit neigen wir dazu, der Wirklichkeit entweder mehr anzudichten, als vorhanden ist, oder aber zu unterschlagen, was uns unangenehm sein könnte. Weltfremde Abstraktionen schieben sich an die Stelle der wirklichen Welt. Die Sprache spricht uns und das Wissen denkt uns. Wir schlafen den „deep slumber of decided opinion„.

Gewohnheitsmäßiger Gebrauch der Sprache bringt immer einen inneren Zwang mit sich, der aber meist nicht deutlich erkannt wird. Die Nötigung, die von der allgemeinen Vernunft, bzw. dem gesunden Menschenverstand ausgeht ist ebenso repressiv, wie jeder andere Zwang. Der Zweck von Objektivität und objektiver Wirklichkeit ist die Sicherheit des Gewußten, die implizit Schlüsse nahelegt, die als objektiv untergeschoben werden können. Alle Objektivität bedeutet Zwang. Die Objektivität der Naturgesetze nötigt zu einer Natürlichkeit menschlichen Verhaltens. Recht und Ordnung werden zu natürlichen Gegebenheiten. Ein Recht ansich gibt es jedoch genausowenig, wie eine Ordnung ansich. Recht und Ordnung sind menschliche Zwecke. Eine Frage menschlicher Zwecksetzung hat nichts mit den Notwendigkeiten des physischen Geschehens gemein.
Jedes Ergebnis menschlicher Zwecksetzung ist für die soziale Existenz eines Menschen, d.h. die Beziehungen der Menschen untereinander betreffend, von unbestreitbarer Wichtigkeit, aber wir sollten

es endlich aufgeben, gesellschaftliche Ereignisse als gesetzmäßige Kundgebungen eines naturnotwendigen Geschehens zu betrachten. Unsere Anschauungen sind immer Individuell-subjektiv; das Empfindungsgegebene läßt sich nur umdenken in etwas Objektives.

„Hört man aber, mit welcher Ehrfurcht manche Leute von der Regierung sprechen, so könnte man glauben, daß der Kongress die Verkörperung des Gravitationsgesetzes sei, das die Planeten in ihren Bahnen hält.„ Abstraktionen können zum Haupthindernis für vernünftige Kommunikation werden. Es ist der objektive Gebrauch der Worte, der oft vielfältige Verwirrung stiftet. Gerade die Verallgemeinerung ist es, die uns über die Wirklichkeit täuscht. Das auszeichnende Merkmal allgemeiner Gültigkeit ist eine große Bequemlichkeit, nicht aber ein großer Gehalt an Tatsachen. Wir haben es immer nur mit Bildern von Wirklichkeit zu tun und nie mit der Wirklichkeit selbst. Die konkreten Bedeutungswerte, welche die Begriffe für jeden einzelnen von uns haben, werden gewöhnlich außer acht gelassen. Wir glauben, es mit Sachfragen zu tun zu haben, wo unsere Probleme in Wahrheit

terminologischer Natur sind. Als
Generalirrtum des Denkens muß deshalb die
Verwandlung subjektiver Denkprozesse in
objektive Weltvorgänge betrachtet werden.
„Aller Schein besteht darin, daß der
subjektive Grund des Urteils für objektiv
gehalten wird.„
Die Objektivität der Tatsachen ist das Prinzip
autoritärer Moralvorstellungen. Objektive
Sätze beruhen aber nicht auf sicherem
Wissen, sondern auf ideologischem Glauben
an ihre Wirklichkeit. Das bloß aus
Abstraktionen bestehende Wissen ist nur
verworrene undeutliche Erkenntnis. Wenn es
aber kein allgemeingültiges Wissen gibt, wie
kann es da eine allgemeingültige Moral
geben? Begrifflich mag ein Tatbestand dem
anderen gleichen oder ähneln, in
Wirklichkeit aber gibt es keine identischen
moralischen Fälle.
Moralische Verallgemeinerungen kennen wir
auch unter dem Namen Vorurteile.
Moralische Kriterien sind immer
existenzieller Natur und so unvergleichlich
wie die Individualität eines Menschen. Die
bloße Logik dagegen ist ohne
Verallgemeinerung nicht möglich. In der
Logik gibt es keine Subjektivität und darum

auch keine Moral. In der objektiven Weltbetrachtung sind moralische Entscheidungen nur ein untergeordnetes Anhängsel der Tatsachen. Der Sachzwang dominiert die Urteile. Die Normativität der Fakten wird behauptet, um den Objektivierungen die Aura höherer Wirksamkeit zu verleihen. Objektive Tatsachen sind aber nur idealtypische Einkleidungen, das heißt logische Harmonisierungen, mit der Aufgabe, Sein und Sollen miteinander in Einklang zu bringen. Wertungen und deren Konflikte untereinander werden verborgen, indem so getan wird, als seien Wertungen die logischen Folgerungen aus Tatsachen. HUME und KANT kommt hauptsächlich das Verdienst zu, die Ethik endgültig von allen Prinzipien der kausal-objektiven Erfahrung frei gemacht zu haben. HUME und KANT machten klar, daß Werturteile nicht aus Erkenntnissen von Tatbeständen abgeleitet werden können. Die empirische Feststellung sagt uns bestenfalls was ist, erklärt uns aber kein warum.

„Alle Gesetzmäßigkeit gründet sich zuletzt auf die Voraussetzung: gleiche Ursachen, gleiche Wirkungen. Das würde, auf unser

Gebiet übertragen, heißen: gleiche Motive führen bei gleichbleibendem Charakter und unter gleichen Umständen zu gleichen Entschlüssen. Gleiche Ursachen kehren aber nicht einmal im Naturgeschehen wieder, sondern nur ähnliche Ursachen und demgemäß nur ähnliche Wirkungen.„ Gesetze überhaupt aufzustellen ist nur deshalb möglich, weil sich bei einer sehr großen Anzahl ähnlicher Fälle die Verschiedenheiten im einzelnen ausgleichen. Über den konkreten Einzelfall jedoch gelingt keine absolut sichere Prognose. Die Kausalität ist eine Brille aus Zeit und Raum, durch die wir nichts anderes als Zeit und Raum sehen. Kausalität ist indifferent gegen Sinnhaftigkeit. Das Anstoßen einer Billiardkugel kann sinnvoll oder sinnlos sein. Kausalität ist ein menschlich-praktisches Prinzip - das geistige Sinnganze kann damit nicht verstanden werden. Der Kausalbegriff ist uns aus dem gewöhnlichen Leben vertraut und erscheint als der einfachste von der Welt. Er ist uns durch tägliche, stündliche Übung so in Fleisch und Blut übergegangen, daß wir ihn fast unbewußt anwenden. Das Kausalgesetz ist aber keine Denknotwendigkeit. Ohne bestimmte

Voraussetzungen kann überhaupt nichts gefolgert werden. Alle Ereignisse haben auch immer mehrere Ursachen. Und umgekehrt kann jedes Ereignis als die Ursache mehrerer darauf folgender Ereignisse angesehen werden. Moralische Begriffe sind deshalb nicht rückführbar auf bloß empirische Begriffe.

Der individuelle Entschluß ist nicht aus dem Allgemeinen abzuleiten. Moralische Beurteilungen, d.h. Ansichten, die unsere Lebenseinstellung betreffen, sind nicht aus biologischen oder historischen Behauptungen ableitbar, sondern nur so zu begründen, daß unser Wollen als im Prinzip frei anerkannt wird. Weil wir immer etwas bevorzugen, d.h. auswählen müssen, sind wir gezwungen, die Dinge zu beurteilen. Inmitten von allgemeingültigen und sich wiederholenden Fakten kommt für jeden Menschen der Moment der Entscheidung und diese basiert auf der Annahme von Normen. Normen haben jedoch keinerlei allgemeinen, d.h. logischen Wert. Was wir wissen, ist immer ein Bedingtes, d.h. alles Wissen ist relativ bezogen auf besondere Umstände. Das Unbedingte kann nicht nachgewiesen werden.

Das Unbedingte als Grund des moralischen Handelns ist nicht Sache der Erkenntnis, sondern des Glaubens. „Erfahrung lehrt uns wohl, was dasei, aber nicht, daß es gar nicht anders sein könnte.„ 8) Der Schluß von einer beschreibenden auf eine normative Aussage ist deshalb ein Fehlschluß. Die bloßen Tatsachen geben uns keine Rechtfertigung der Ereignisse. Das Problem der rechten Wahl ist kein Problem der Naturforschung. Der Schluß allein von dem, was ist oder sein wird, unmittelbar auf das, was sein soll, d.h. auf das, was durch seinen Wert ausgezeichnet ist - ist unmöglich. Alle Begründungen und Rechtfertigungen werden nicht fest gestellt, sondern her gestellt. „Der Verstand schöpft seine Gesetze nicht aus der Natur, sondern schreibt sie dieser vor.„

Objektivität heißt kausale Gesetzlichkeit, die unabhängig von konkreten Menschen immer und überall gilt. Wo alles nach dem Gesetz der Natur geschieht, gibt es aber keine Freiheit. Freiheit ist ein Zustand, der objektiv gesehen Unbestimmtheit bedeutet. Die Handlungen eines Menschen mögen sein, was sie wollen, sie sind aber auf keinen

152

Fall kausal bestimmt. Handlungen,
Erfahrungen und soziale Beziehungen lassen
sich niemals vollständig rationalisieren und
gerade in diesem irrationalen Bereich der
menschlichen Individualtät liegt die
Bedeutung der Freiheit. Unsere
Individualität und Freiheit ist
gekennzeichnet durch einen spezifisch
persönlichen Blickwinkel, den wir
gewöhnlich als Bewußtsein eines Menschen
bezeichnen. Freiheit gibt es nur, weil die
Naturgesetze keine Wirklichkeit erklären,
sondern nur beschreiben. Denn wenn
„... der durchgängige Zusammenhang aller
Erscheinungen in einem Kontext der Natur,
ein unnachlaßliches Gesetz ist, dieses alle
Freiheit notwendig umstürzen müßte.„
Naturgesetze werden vom Verstand
geschaffen, die Freiheit als Wert von der
Vernunft. Die Freiheit ist, wie jeder Wert
weder beweisbar, noch widerlegbar. Deshalb
kann es z.B. auch keine objektive
Begründung oder Definition von
Destruktivität oder Gewalt als Unwert
geben. Gewalt ist, wie die Freiheit eine
Verhältnisgröße und ein Wertbegriff.
Freiheit, Gewalt, Herrschaft etc. sind nicht
empirisch beweisbar, sondern subjektive

Bedeutungsgrößen. Freiheit heißt meine Freiheit und jede Gewalt wird als solche empfunden. Freiheit und Gewalt oder Leistung sind keine objektiven Tatsachen, sondern subjektive Wertvorstellungen von Menschen, die sich allenfalls auf eine gemeinsame Verwendung der Begriffe einigen können oder nicht. Letztlich stiftet aber immer die Subjektivität den Grund.

Das praktische Interesse richtet sich nach der Nützlichkeit. Der Ausdruck Wert muß in einem ähnlichen Sinn verstanden werden, wie die Ausdrücke nützlich und zweckmäßig. Unsere Bedürfnisse können wir im Grunde auch als Zwecke setzen. Zwecke sind die Ziele unseres Wollens. Wodurch ein Gegenstand von Interesse ist, das ist sein Wert. Alle Werturteile sind willensbestimmte Handlungen und mehr oder weniger freie Entscheidungen nach Normen. Werturteile sind Wahlakte. Werte haben kein Sein außerhalb des Bewußtseins eines Menschen. Die Sphäre des Wertvollen ist das für uns Geltende. Gewertet wird im konkreten Augenblick. Es gibt keine Nützlichkeit ansich. Alle Nützlichkeit ist situationsgebunden. Genauso, wie nichts

objektiv nützlich oder zweckmäßig ist, ist
auch nichts objektiv wertvoll. Wir müssen
uns in jedem Fall fragen: Gut oder schlecht
für wen? und in welcher Situation?
Gut-und-böse sind abhängig von den
Beziehungen, in denen wir sie sehen und
diese Beziehungen können in vielen
verschiedenen Richtungen verlaufen. Alle
Verschiedenheit ist die Verschiedenheit der
Zusammenhänge. Jede positive oder negative
Beurteilung ist abhängig von einem positiven
oder negativen Wert, den wir als solchen
setzen. Moralische Erwägungen existieren
nicht ansich, sondern immer nur in Bezug
und Relation. Es gibt keine objektiven
Grundsätze, die nur zu befolgen wären, um
moralisch gehandelt zu haben. Eine
Handlung wird nicht gerechtfertigt, indem
sich jemand auf eine objektive Ursache
bezieht. In der Ethik haben die Kategorien
der Erscheinungswelt (Kausalität) deshalb
keine Geltung. Jede Bewertung von gut
und schlecht hängt von dem Zweck ab, der
erreicht werden soll. Es gibt keinen Zweck
ansich und auch kein Mittel ansich.

Zwischen allen Werten müssen wir wählen.
Entscheiden heißt immer, den einen Wert

dem anderen vorzuziehen. Ansich ist jeder Wert bedeutungslos. Moralische Vorstellungen, d.h. Wertvorstellugen, sind das Ergebnis von Entscheidungen und Entscheidungen sind immer persönlicher Natur, d.h. subjektiv. Werte haben keine raum-zeitliche Wirklichkeit. Für einen Wert gibt es keinen anderen Beweis, als unser subjektives Wertbewußtsein.

„Das Problem der Werte ist vor allem und in erster Linie das Problem der Wertkonflikte. Und dieses Problem kann nicht mit den Mitteln rationaler Erkenntnis gelöst werden. Die Antwort auf die sich hier ergebenden Fragen ist stets ein Urteil, das in letzter Linie von emotionalen Faktoren bestimmt wird und deshalb einen höchst subjektiven Charakter hat. Das heißt, daß es gültig ist für das urteilende Subjekt, und in diesem Sinne relativ.„

Entscheidend ist immer der Antrieb, den ich durch mein Wertempfinden erfahre. Die innere Sicherheit und Gewissheit des Wertempfindens genügt sich selbst. Eine Abstraktion allein hat nicht diese treibende Kraft. „Der Wert der Werte ruht in ihnen selbst, das will heißen in dem, was sie für den Wertenden tatsächlich bedeuten. Das Gefühl

156

für Prioritäten ist stets eine persönliche Angelegenheit. Ethik sagt darum nicht, was das Gute ist, sondern bestenfalls wie wir dazu kommen, etwas als gut zu beurteilen. Die meisten Bündnisse zwischen Menschen beruhen auf wechselseitigen Bedürfnissen und Wertvorstellungen - aber auch viele Konflikte. Bedürfnisse, Vorlieben, Interessen und Bestrebungen von Menschen sind nicht harmonisch, sondern widersprechen sich häufig. Unsere Bedürfnisse erzeugen Harmonien, aber auch Disharmonien. So verschieden die Menschen sind, so verschieden sind auch ihre Bedürfnisse. Der Konflikt zwischen Bedürfnissen und ihrer Bewertung als gut oder schlecht gehört sozusagen zur Qualität Mensch. Der Forderung Enscheidungen zu treffen kann sich niemand entziehen. Wollen und für besser halten sind nur zwei Ausdrücke für dieselbe Sache. Gut und schlecht ergeben sich im Hinblick auf Interessen und bedingen sich gegenseitig. Wir befinden uns in einem ständigen Konflikt zwischen unseren Werturteilen. Moralische Normen entspringen der Notwendigkeit Konflikte zu schlichten, die sich aus unterschiedlichen Beurteilungen ergeben.

Ohne Rangordnung und Dringlichkeitsskala verfolgter Interessen geht es nicht ab. Die inkompatiblen Normen ethischer Systeme ergeben sich aus der Divergenz von Bedürfnissen und der Notwendigkeit die Interessen und Zwecke der einen zu opfern, um die Interessen und Zwecke der anderen zu retten. In ihrer eindringlichsten und unlösbarsten Form bestehen moralische Probleme in dem Konflikt von richtig und richtig und gut und gut. Die Norm der Gerechtigkeit kann z.B. mit der Norm der Liebe in Konflikt geraten. Das Problem der Wahlfreiheit kommt immer dann in Frage, wo wir zwischen zwei sich widerstreitenden Antrieben eine Willensentscheidung zu treffen haben. Der Konflikt zwischen zwei Pflichten etwa entsteht, weil zwei Normen in derselben Situation Anwendung finden können und es unmöglich ist, ihnen beiden zu folgen. Wenn die Wahrheit mit dem Glauben oder der Freiheit in Konflikt gerät, müssen wir wählen und entscheiden, welches Prinzip gerade hier und jetzt eine Umsetzung verlangt.

Laurent Verycken, Formen der Wirklichkeit -

158

Da haben wir leider wieder den Salat.

Immer noch nichts Konkretes, etwas das man fassen könnte, Was für ein Katzenjammer. Offenbart sich nun dem schlichten Hirn kein neuer Weg, wenigstens ein Ausweg raus seiner tristen Dumpfheit, so ist es noch in einem größeren Dilemma. Weder kann sein Ich oder was auch immer einigermaßen erklärt werden oder seine Verblödung wenigstens analysiert werden.

Ich schlage vor das wir den gemeinsamen Weg durch die menschlichen, ja Attribute fortsetzen um vielleicht doch noch einen vernünftigen Ansatz zu finden.

„Zwei Dinge sind unendlich, das Universum und die menschliche Dummheit, aber beim Universum bin ich mir noch nicht ganz sicher."

Albert Einstein

Der Sinn des Lebens
oder
suchet, so werdet ihr vielleicht etwas finden

Kapitel 4 Vers 51
„ Ich flehte und sprach: Glaubst du,
das ich leben werde bis zu jenen
Tagen? Was wird in jenen Tagen
geschehen? Er antwortete mir und
sprach: Die Zeichen, nach denen du
fragst, kann ich dir zum Teil sagen;
über dein Leben dir etwas zu sagen,
bin ich nicht gesandt und weiß es
selbst nicht. Die Zeichen aber sind:
siehe, Tage kommen, da werden
die Erdenbewohner von gewaltigen
Schrecken erfasst...„

Was ist der Sinn des Lebens?
Stand: 25. März 2021, 13:01 Uhr
Wir werden ungefragt in diese Welt hineingeboren und sollen unser Leben gestalten. Aber wie eigentlich und vor allem warum? Wieso sind wir hier? Diese Frage stellen sich die Menschen seit jeher. Gibt es darauf überhaupt eine Antwort? MDR WISSEN Reporter Karsten Möbius versucht sie zu finden.

Große Fragen in zehn Minuten Was ist der Sinn des Lebens?
Wie um alles in der Welt kommen wir bitteschön auf die verrückte Idee, dass das Leben – und speziell das menschliche Leben – einen vorgegebenen Sinn, einen Zweck haben könnte? Dass es einem großen Plan, so einer Art Idee folgen könnte und dass wir diese Idee, diesen Sinn bis heute nicht herausfinden konnten. Blöd sind wir ja nicht, sagt Philosoph Prof. Johannes Hübner: Also die Vorstellung von einem verborgenen Sinn, der irgendwie da ist, den wir aber nicht erschließen können, diese Vorstellung finde ich recht dubios.
Prof. Johannes Hübner, Philosoph

Egal. Nehmen wir an, es gäbe ihn, DEN Sinn des Lebens. Auf die Welt gekommen bspw. durch einen Schöpfer – anders wäre so eine Idee, so ein Zweck ohnehin kaum erklärbar – nehmen wir also an, es gäbe DEN Sinn des Lebens. Wir würden ihn niemals herausfinden, sagt Biochemiker und Evolutionsbiologe Prof. Andreas Beyer. Denn die Frage nach dem Sinn des Lebens, wäre immer auch die Frage nach dem großen Warum. Wir müssten immer weiter fragen, nach der Antwort auf die Frage, warum es uns gibt, lauert die Frage, warum es unseren Planeten gibt usw. ... Prof. Beyer hebt die Arme und sagt: „Da sind wir raus.„

Denn dann müssten wir irgendwie beantworten können, warum das Weltall so ist, wie es ist. Und eine grundsätzliche Antwort darauf, warum die Welt so beschaffen ist, dass sie offensichtlich für das Leben günstig ist, diese Antwort kann man nicht geben. Jedenfalls nicht naturwissenschaftlich.

Prof. Andreas Beyer, Biochemiker und Evolutionsbiologe

Wieso kommen wir also auf die Idee, dass es einen Sinn des Lebens geben könnte und scheitern immer wieder daran, herauszufinden, worin er besteht? Philosoph Prof. Gert Scobel hat dafür eine Erklärung. Er sagt: Wir wünschen uns so sehr, dass es diesen Sinn gibt, wir wünschen uns so sehr, dass unsere kurze Existenz auf diesem Planeten Teil eines großen Plans, einer großen Idee ist.

Wir wissen, dass wir sterben, wir wissen, das nichts von Bestand und Dauer ist. Dass wir es einfach hassen, mit unserer eigenen Fehlbarkeit und Endlichkeit der Erkenntnis umzugehen und wir wollen, dass das ein Ende hat. Und das andere ist, dass wir etwas suchen, was uns in den Irrnissen und Wirrnissen des Lebens, durch die Widerstände, denen wir begegnen, hindurchträgt. Also etwas, wie Luther sagen würde, was sich in Leben und Sterben bewährt. Das hätten wir bitte auch gerne.

Prof. Gert Scobel, Philosoph

Das eine ist also der Wunsch nach einer beständigen und ewigen Wahrheit. Nach so einer Art allgemeingültiger Betriebsanleitung für das Leben. Dass wir am Ende sagen können: „So, alles erfüllt. Gut gemacht, mehr ging nicht.„ Das andere ist, wir können nicht anders als nach einem Sinn suchen, wir sind so. Wir sind so gemacht. Unsere Entscheidungen, gemeinsam etwas zu tun, Dinge zu teilen, Entbehrungen auf uns zu nehmen, das alles setzt einen Sinn voraus. Ohne diese Kategorie "Sinn" können wir nicht handeln, sagt Biochemiker Prof. Andreas Beyer:

Und dazu gehört eben auch, ständig nach Begründungen zu fragen. Wir sind die einzigen Lebewesen auf diesem Planeten, die faktisch nichts tun, ohne einen Grund dafür angeben zu können.

Prof. Andreas Beyer

Die Lieblingsfrage unseres <u>Gehirns</u> ist die Warum-Frage. Darum dreht sich im Grunde alles: Warum, warum, warum? Unser Hirn ist streng genommen eine Sinn-Suchmaschine. Aus den Eindrücken des Lebens versucht es in sekundenschnelle Muster, Systeme, Strukturen – also eine Idee hinter allem zu suchen und zu finden. Gert Scobel mit so einer Art Arbeitsplatzbeschreibung unseres Gehirns:

Es gibt schöne Experimente, die zeigen, was passiert, wenn man Menschen vor sogenanntes weißes Rauschen setzt, also einfach das Auftauchen von weißen Punkten auf der Leinwand. Das ist ein völlig zufälliger Prozeß und trotzdem entdecken Menschen, oder glauben besser gesagt, in diesem völlig zufälligen Rauschen, ein Wort zu erkennen, ein Bild zu erkennen, ein Gesicht zu erkennen, was auch immer.

Prof. Gert Scobel

Und da das Leben so zufällig ist wie das weiße Rauschen, gibt es zwar kein erkennbares Muster, aber trotzdem findet – oder besser erfindet – unser Hirn eins. Und zwar jedes Hirn sein eigenes Muster. Jeder Mensch trägt also seine eigene Idee vom Sinn des Lebens mit sich herum. Das klingt alles sehr logisch, nachvollziehbar. ABER das ist nicht das, was wir wollen. Wir wollen den großen Plan erkennen, nicht irgendetwas erfinden. Einen Ausweg aus dem Dilemma bietet der Glaube. Das heißt, ich kenne DEN Sinn des Lebens zwar nicht, ich weiß nicht, was der Zweck meiner Existenz ist, aber ich vertraue darauf, dass es trotzdem einen gibt, sagt der Theologe Prof. Friedemann Stengel:

Ich vertraue an dieser Stelle darauf, dass der Zweck meines Lebens in einer ganz sicheren Hand aufgehoben ist. An einem Ort, der sich mir verbirgt, aber an den ich glaube. Ich weiß, dass die Antwort nach dem Zweck meines Lebens nicht von mir selber beantwortet werden muss. Ich bin davon entbunden. Ich bin frei davon, von dieser Frage. Das ist bei Gott aufgehoben.

Bei der Suche nach dem Sinn des Lebens steht die Welt uns also offen. Das ist großartig und fatal zugleich. Wir können alles zum Sinn unseres Lebens erklären oder uns auf die Suche machen und uns darin verlieren. Und immer stellen wir uns die Frage: Was tun wir hier eigentlich? Ist es das wert? Was ist danach, wenn das vorbei ist? Leben wir immer nur von da nach da? Sind die Urlaube immer unser Lebensziel?

Was wäre das schön, wenn wir ihn hätten, DEN Sinn des Lebens, das Geländer, an dem wir uns festhalten und entlanghangeln könnten, ohne uns vor der Bilanz unseres Lebens fürchten zu müssen. Sollten wir nun besonders bedeutende Dinge tun? Höhere Maßstäbe an unser Leben setzen, die weit über unsere eigenen Egoismen hinausgehen? Sollten wir, wenn wir den Sinn unseres Lebens definieren, nur uns selbst wichtig nehmen? Egal, welchen Sinn wir unserem Leben geben – sagt Philosoph Prof.

Johannes Hübner –, alles hat seine Berechtigung:

Kinder groß zu ziehen, wäre eine Möglichkeit. Aber auch einen Haufen Geld anzuhäufen, wäre eine andere Möglichkeit. Man kann sein Leben für den Kampf gegen soziale Ungerechtigkeit einsetzen. Man kann sein Leben aber auch daran setzen, ein Leben als Fußballfan zu führen oder man kann sein Leben durch Hingabe an andere Personen führen. Allgemein wird das so sein, dass man dem eigenen Leben dadurch Sinn gibt, dass man etwas tut, was man für sich für wichtig hält, was einem am Herzen liegt.

Prof. Johannes Hübner

Wenn es um den Sinn des Lebens geht, spielen <u>Herz</u> und Bauch eine wichtige Rolle. <u>Sinngebung</u> ist auch etwas, das uns glücklich und zufrieden macht. Seinen Platz in der Welt zu finden, ist eine hochemotionale Angelegenheit, sagt Philosoph Scobel – jenseits irgendwelcher Theorien:

Es geht ja auch darum, sich zuhause zu fühlen, angekommen zu sein. Also da schwingen ja auch ganz viele emotionale Aspekte mit. Einer der Gründe, warum wir nach Sinn suchen, ist auch, weil wir in unserem Leben anderen etwas schuldig bleiben oder schuldig werden und nach etwas wie Vergebung suchen. Auch das spielt eine Rolle bei der Sinnfrage.

Prof. Gert Scobel

Schuld und Vergebung, Gerechtigkeit, Liebe und Moral – auch das sind Begriffe, die untrennbar mit dem Sinn des Lebens zu tun haben. Sie sind entscheidende Motive, Dinge zu tun oder zu lassen, sie sind Richtlinien, wie Menschen miteinander umgehen, wie sie sich behandeln. Biochemiker Beyer bezeichnet diese Fragen als unverzichtbaren Kitt, der unsere sozialen Gemeinschaften zusammenhält. Offensichtlich gibt es auf dieser Welt keine Gesellschaft, die ohne Moral auskommt. Selbst Verbrecherorganisationen haben eine Moral, und was für eine, und wehe man verstößt dagegen. Es gibt also kein menschliches Miteinander ohne Warum, ohne Sinnkriterien, ohne Moral. Schon allein aus dem Grund ist Ethik, ist Weltsicht etwas real Existentes. Und die Tatsache, dass es 'nur' in unseren Köpfen existiert, macht die Sache dadurch nicht schwächer.

Prof. Andreas Beyer

Hat man für sich einen Sinn des Lebens gefunden, will man sich in die Gemeinschaft einbringen, oder alles zerstören, oder sich aus allem raushalten, ist das noch lange nicht das Ende der Sinnsuche. Auch das ist eine Erfahrung. Man ist selten ein Leben lang ein Revoluzzer, ein Karrierist oder ein freiwilliger Sozialarbeiter, auch die Fürsorge um die Kinder findet irgendwann ein Ende oder wenn es irgendwann in der Südkurve zu kalt wird, stößt auch die Sinnsuche als Fußballfan an ihre Grenzen, weiß Theologe Prof. Friedmann Stengel:

Wir sind ein Leben lang auf der Suche, was unsere Identität betrifft. Wir sind in einem ununterbrochenen Prozess der Identifizierung, wir beziehen auch nur Positionen, die vorläufig sind und das hängt damit zusammen, wie wir uns gegenüber unserer Umwelt verhalten, gegenüber unseren Prägungen, unseren Erwartungen und natürlich auch gegenüber der Frage, was der Zweck unseres Daseins ist. Das halte ich für eine extrem entscheidende Frage, weil sie unser Handeln ständig bestimmt.

Die Suche nach dem Sinn des Lebens ist also niemals zuende. Solange wir atmen, werden wir zweifeln, ob unser Leben sinnvoll war oder nicht. Der eine mehr, der andere weniger. Tröstend ist, dass es allen so geht und dass es DEN großen Sinn des Lebens nicht gibt, und auch niemals geben wird. Denn wenn wir die sind, die den Sinn in die Welt bringen, dann liefert die Sinnfabrik, solange es Menschen gibt, immer neue Exemplare – sagt Philosoph Gert Scobel:

Allein schon deshalb ist nicht eine einzige Antwort möglich, weil ständig neue Menschen geboren werden und mit jedem neuen Menschen kommt eine neue Perspektive auf die Welt, die einmalig ist. Und diese einmalig neue Perspektive könnte ja – rein theoretisch – die Antwort auf den Sinn des Lebens und aller Fragen bieten.

Prof. Gert Scobel

https://www.mdr.de/wissen/der-sinn-des-lebens-100.html Aufruf 2024

Eigentlich ist gar nichts *erwiesen*. Soll ja nun auch nicht *unbedingt*, wie zu lesen war, das *Hauptargument* wissenschaftlichen Forschens und Arbeitens sein. Kein Wunder ist es dann aber auch wenn schon nicht Gott bewiesen werden kann, dann aber wenigstens die Ursachen von Schweißfüßen? Aber hier müssen die Kollegen der medizinischen Fakultät auch einen Offenbarungseid ablegen. Fehlanzeige: Man (Medizin) weiß keine Ursachen für Schweißfüße. Jedenfalls nicht so ganz genau. Dieses oder Jenes, Hormonelles oder Konstitutionelles; eben halt vielschichtig, das Ganze.

In allen wissenschaftlichen Theorien stoßen wir auf die unvermeidliche Begrenzung unseres Wissens, die sich durch eine notwendigerweise begriffliche Fixierung des Tatsachenmaterials ergibt. Wir können Wissen anhäufen so viel wir wollen, ohne uns dabei sinnvollen Zielen und Zwecken zu nähern. Unsere rationalen Kenntnisse vermehren sich zwar, jedoch die Erkenntnis vertieft sich nicht.

Laurent Verycken-Formen der Wirklichkeit-Penzberg 1994

Wie bereits erwähnt jetzt aber zum eigentlichen Grund dieser Darstellung der *theologischen Wissenschaft*. Es geht um ihren eigentlichen Hauptakteur, den Nazarener Jesus Christus, den Stifter des Christentums. Hat er jetzt gelebt oder nicht? Was für eine einfache Frage mit doch unermesslicher Tragweite und Tragik, so sie denn beantwortet werden kann. Aber auch hier schon einmal der Hinweis, das so recht nichts zusammen passt im Puzzlespiel der theologischen Detailarbeit. Allen Unkenrufen zum Trotz.

Wenn es schon keinen Gott gibt, äh, sein Dasein, seine Existenz nicht bewiesen werden kann dann muß doch wenigstens, Wissenschaftstheorie hin oder her, doch einer seiner führenden Protagonisten und Fürsprecher, sein treuester Diener, sein persönlicher Offenbarungsassistent, schließlich und endlich sein Sohn und letztendlich der Höchste selbst ja dann doch gelebt haben?! Ja aber was denn jetzt? Also bei diesem Durcheinander kann einem aber rasch der Überblick abhanden kommen.

So muß es dann wohl auch den Propheten, Apologeten und den Evangelisten gegangen sein, als sie anfingen, größtenteils mehr als ein halbes Jahrhundert nach dem vermeintlichen

Kreuzigungstod des Gesalbten, sein Wirken und Handeln etwas zu ordnen und der gläubigen Nachwelt dann auch in verbindlicher schriftlicher Form zu hinterlassen. Denn diese ständige Mund zu Mund Nachrichtentechnik wäre ja kein dauerhafter Zustand gewesen und dem Geschreibsel der wenigen nicht-christlichen, meist römischen Autoren, konnte man auch kein allzu großes Vertrauen entgegenbringen.

Denn worauf sich die Erkenntnis der systematischen Theologie mit ihrem Forschungsableger der Christologie, der „Christuskunde" stützt und als faktische Beweise für eine Existenz Jesu heranzieht, sind die vagen und oft in Kopie vorliegenden Äußerungen von vier Quellen, die bei genauerem Hinsehen eben nicht das halten, was sie versprechen. Wie der Leser unschwer erkennen kann, haben wir es mit der Theologie mit einem Paradebeispiel der kulturellen Verblödung zu tun.

Dies ist weder abwertend noch zynisch gemeint; die spätere Darstellung anderer sogenannter Wissenschaften stehen ihrer theologischen Stiefschwester hinsichtlich ihrer Aussagekraft und des mentalen Zustandes ihrer Vertreter in nichts nach. Dies wird noch zu lesen sein! Was für eine Verdummung1 Zurück zum Thema. Nachfolgend eine Erläuterung zur wahrhaften Existenz des Jesus von Nazaret, um auch die krampfhafte Beweisführung der Protagonisten darzustellen.

Frage & Antwort, Nr. 461 Hat Jesus tatsächlich existiert?
Von Fabian Maysenhölder

Wir feiern jedes Jahr Weihnachten - und damit die Geburt eines Mannes namens Jesus, der vor rund 2000 Jahren gelebt haben soll. In letzter Zeit begegnet mir immer wieder die Ansicht, Jesus habe als historische Person nie existiert. Baut das Christentum auf einer Erfindung auf? (fragt Herbert K. aus Köln)

Kurz vor Weihnachten stellt sich die ganz große Frage: Hat Jesus von Nazareth, der Mann, der von Christen seit knapp 2000 Jahren als "Sohn Gottes" verehrt wird, tatsächlich existiert? Auf den ersten Blick mutet es angesichts der Wirkungsgeschichte als absurde Frage an. Aber: Es erscheinen tatsächlich immer wieder Texte und gelegentlich Bücher, die genau dies behaupten: Jesus hat es nie gegeben. Nicht zuletzt begeben sich einige Vertreter des sogenannten "Neuen Atheismus" in das Fahrwasser dieser Tradition, die seit der Aufklärung immer wieder die Existenz eines historischen Jesus infrage stellt. Man bezeichnet diese Tradition als Jesus-Mythos oder Nichthistorizitäts-Hypothese. Um die Antwort auf die Frage überschaubar zu halten, soll es nicht darum gehen, ob Jesus so, wie er uns in der Bibel dargestellt wird, existiert hat. Inwieweit bestimmte Zuschreibungen zutreffen, soll außen vor bleiben. Die gestellte Frage geht nämlich noch einen Schritt weiter: Gab es überhaupt eine historische Person, auf der die Erzählungen gründen?

Lässt man die biblischen Quellen außer Acht, so gibt es dennoch einige Überlieferungen, die eine historische Person Jesus erwähnen: allen voran Flavius Josephus, ein jüdischer Geschichtsschreiber aus dem 1. Jahrhundert.

Er erwähnt Jesus an zwei Stellen. Eine der beiden ist umstritten und könnte möglicherweise im Laufe der Überlieferung verfälscht worden sein, enthält aber aller Wahrscheinlichkeit nach einen historischen Kern. Die zweite schätzen Historiker fast einstimmig als echt ein. Darin heißt es: „Er [der Hohepriester, Anm.d.Red.] versammelte daher den Hohen Rat zum Gericht und stellte vor diesen den Bruder des Jesus, der Christus genannt wird, mit Namen Jakobus, sowie noch einige andere, die er der Gesetzesübertretung anklagte und zur Steinigung führen ließ." Josephus ist deshalb als Quelle so bedeutend, weil er selbst dem pharisäischen Judentum angehörte und kein Interesse daran hatte, Christen in die Karten zu spielen.

Auch bei römischen Schriftstellern wie Plinius dem Jüngeren und Tacitus finden sich Notizen über Jesus, die unter anderem seinen gewaltsamen Tod erwähnen. Tacitus zum Beispiel ist sich sicher: "Christus" ist ein Jude, der unter Pontius Pilatus hingerichtet wurde. Und: Er ist der Begründer einer Bewegung, die sich "Christen" nennen und zur Zeit Neros in Rom bekannt waren.

Die außerbiblischen Quellen haben aber vor allem zwei wichtige Funktionen: Zum einen belegen sie, dass selbst härteste Gegner des Christentums nicht auf die Idee kamen, die Existenz Jesu anzuzweifeln. Zum anderen lassen sie sich in dem wenigen, das sie überliefern, gut mit dem vereinbaren, was auch in biblischen Texten erzählt wird: Jesus wurde gekreuzigt und hatte einen Bruder namens Jakobus.

Evangelien - durchweg unglaubwürdig?

Und damit muss noch eine andere Frage gestellt werden: Warum sollten die biblischen Evangelien und etwa die Berichte des Paulus als historische Zeugnisse überhaupt außen vor bleiben? Freilich finden sich darin zahlreiche Zuschreibungen auf Jesus, die kritisch auf ihre Intention hin überprüft und hinterfragt werden müssen. Biblische Texte aber nur aufgrund der Tatsache, dass sie von Anhängern Jesu geschrieben worden sind, als komplett und durchweg unglaubwürdig zu verwerfen, ist aus quellenkritische Sicht schlicht absurd. Viele Geschichtswissenschaftler nehmen Abschnitte der Evangelien und biblischer Texte heute als historisch zuverlässig ernst.

So spricht zum Beispiel der häufig vorgebrachte Einwurf, die Evangelien würden sich in ihrer Beschreibung des Lebens Jesu widersprechen, eher für eine Authentizität als für eine Erfindung. Die Widersprüche weisen auf verschiedene Überlieferungen mit Blick auf den historischen Jesus hin. Handelte es sich einfach nur um eine Erfindung, wäre hier deutlich mehr homogenisiert worden.

Ockhams Rasiermesser

Um davon überzeugt zu sein, dass Jesus eine historische Person war, muss man kein Christ sein. Selbst eifernde Atheisten wie Richard Dawkins bezweifeln nicht ernsthaft die Existenz des Menschen Jesus von Nazareth. Schlicht, weil aus historisch-kritischer wissenschaftlicher Perspektive alles dafür spricht, dass es ihn gegeben hat.

Letztlich müssen sich Vertreter eines Jesus-Mythos auch „Ockhams Rasiermesser„ stellen. Dahinter verbirgt sich das von Wilhelm von Ockham formulierte wissenschaftstheoretische Sparsamkeitsprinzip. Es besagt, dass von mehreren möglichen Erklärungen für einen Sachverhalt die einfachste allen anderen vorzuziehen ist. Und Fakt ist: Wer behauptet, dass ein historischer Jesus nicht existiert hat, geht mit vielen Grundannahmen an die Interpretation der Quellen heran. Viel einfacher - und deshalb auch nicht ernsthaft anzuzweifeln - ist die Erklärung: Jesus hat existiert.

http://www.n-tv.de/wissen/frageantwort/Hat-Jesus-tatsaechlich-existiert-article19165101.html   Aufruf 01/2023

Was für ein flammendes Plädoyer für die Existenz des Gottessohnes oder für Gott selbst?

Und wie die Faust auf das Auge , passt dann auch die zur Hilfenahme eines Philosophen, Theologen und streng gläubigen Vertreters der Scholastik; Wilhelm von Ockham. Wie heißt es noch so treffend volkstümlich: *Eine Krähe hackt der anderen kein Auge aus...*

Bei dieser (wissenschaftlichen) Frechheit und Verblödung bleibt mir als interessierter Laie doch glatt die Spucke weg.

Aber dieses gebaren ist ein ubiquitäres wissenschaftliches Phänomen.

Der sog. Spätscholastiker Wilhelm von Ockham, gestorben 1347 in München, formulierte seine Rasiermessermethode (diese Umschreibung stammt nicht von ihm!) wie nachstehend:

Von mehreren möglichen Erklärungen für ein und denselben Sachverhalt ist die einfachste Theorie allen anderen vorzuziehen.

Eine Theorie ist einfach, wenn sie möglichst wenige Variablen und Hypothesen enthält und wenn diese in klaren logischen Beziehungen zueinander stehen, aus denen der zu erklärende Sachverhalt logisch folgt.

Demnach wäre dann aber die einfachste Theorie mit wenigen Variablen und Hypothesen auskommend, sich nicht auf unklare und nebulöse Quellen zu verlassen; denn die gemachten Quellenangaben, die ich gleich noch anführen werde, besitzen alles andere, aber eben keine logischen Relationen zueinander. Danach müßte dann ja rein wissenschaftstheoretisch die Konklusion zulässig sein, Jesus hat *nicht* existiert. Oder liege ich da jetzt falsch? Nö, finde ich nicht!!
Nachfolgend die bereits erwähnten Quellen die, so man denn guten Willens sein möchte, alles oder auch nichts aussagen.

Wobei ich persönlich mehr zu *nichts aussagen* tendiere bzw. es für realistischer halte. Wie auch in dem genannten Artikel festzustellen ist, wird mit unverhohlener Arroganz und (fälschlicher) Gelehrsamkeit etwas versucht zu erklären, das jeglicher Grundlage entbehrt.

Der römisch-jüdische Geschichtsschreiber Flavius Josephus (gestorben etwa 100 n. Chr.) verfasste u.a. das Werk *Bellum Judaicum, Die Geschichte der jüdischen Kriege.* Hier allerdings wird der Name Jesus überhaupt nicht erwähnt.

Das Werk *Testimonium Flavianum, enthalten in Jüdische Archäologie und Altertümer,* allgemein von der Theologie herangezogen als Beweis ist geradezu lächerlich!

Die erste Erwähnung wird allgemein als umstritten angesehen, da die Echtheit nicht nachgewiesen werden kann und man vermutet, das diese Äußerungen unter christlichem Einfluss entstanden sind, sprich andere Autoren mit christlich-theophiler Neigung haben hier wohl ihren sakrosankten Senf hinzugegeben.

Eine zweite Erwähnung wird *meist* als Original betrachtet, wobei diese Textpassage sich als Zitat in der *Kirchengeschichte* des Eusebius von Caesarea aus dem 4 Jhrdt, n.Chr. wiederfindet.

Also das nenne ich fundierte wissenschaftstheoretische Studien, das vermutet wird, was die theologischen Gehirne so von sich geben.

Doch weiter geht`s in den kirchenge-
schichtlichen „*Studien*".

Der römische Schriftsteller *Cornelius Tacitus*
(ca. 55 n.Chr.-120 n.Chr.) wurde bekannt
durch seine Schrift **De origine, situ, moribus
ac populis Germaniae,** die er etwa 98 n.Chr.
verfasste und eine der ältesten schriftlichen
Quellen übe**r die Germanen darstellt.**

In seine *Annales, der Geschichte des
römischen Reiches* schreibt er etwas über die
Hinrichtung eines Jesus; inwieweit dies aber
authentisch und verifizierbar ist, bleibt
dahingestellt. Denn der glänzende Redner
Tacitus, Historiker, Senator und Konsul,
bediente sich gerne und oft vieler anderer
Quellen früherer Kollegen; dies für sich
genommen ist schon recht dubios; woher aber
sein Wissen über das Christentum stammte ist
nicht bekannt.

Somit ist auch diese angebliche
außerchristliche Quelle nur mit aller gebotenen
Vorsicht zu sehen und zu bewerten.

Plinius der Jüngere, (ca. 62-113 n.Chr.) ein in
römischen Diensten stehender Beamter, Neffe
und Adoptivsohn von Plinius dem Älteren,
bringt nun wirklich keine Novität zum
Sachverhalt.

Der damalige Statthalter des heutigen türkischen Izmir verließ sich mehr
auf``s *Hörensagen* und seine *Akten* statt selber Nachforschungen anzustellen.
Damit möchte ich den Plinius auch nicht mehr in seiner Ruhe stören!!

Gajus Sueton Tranquillus (70-140 n.CHr.) trägt mit seiner Schriftstellerei allerdings auch nicht dazu bei, die christliche Existenz des Jesus von Nazaret im himmlischen Lichte zu erhellen.
Der römische Verwaltungsbeamte und Schriftsteller wurde bekannt mit seinen ***Acht Büchern übe das Leben der römischen Kaiser (*** **De vita Caesarum Libri VIII).**
Von Caesar über Augustus bis zum tragischen Kaiser Domitian berichtet er in diesem Werk über das Leben dieser Männer. In diesen Büchern wird eine Verordnung des römischen Kaisers Claudius erwähnt, der mit diesem Erlass die Christen aus Rom ausweisen wollte.

Die Juden, welche von einem gewissen Chrestos aufgehetzt, fortwährend Unruhe stifteten, vertrieb er aus Rom

186

Da dem Sueton allerdings Jesus als Person **nicht bekannt** *war*, sondern dies mehr oder weniger auf die Christen in Rom bezog, kann auch dieser angebliche „*Beweis*" für eine Existenz von Jesu nicht geltend gemacht werden.

Blieben noch sozusagen als letztes biblisches Geschütz die vier Evangelisten, Matthäus, Markus, Lukas und Johannes, übrig.

Doch auch hier fängt das Dilemma schon am Anfang an. Die Angaben der angeblichen Verfasser gehörten *nicht* zum Originaltext der Urevangelien, sondern wurden später, aus wenig bekannten Gründen, wohl willkürlich hinzugefügt.

Wer also die Evangelien geschrieben hat, ist nicht bekannt!

Die Quellenlage zu dieser Thematik ist unübersichtlich und ein heilloses Durcheinander von Hypothesen, Theorien, Vermutungen und Annahmen. Rein garnichts ist erklärt. Ich verweise den Leser hier auf entsprechende Selbstrecherche und Lektüre.

Leider kann ich nichts anderes mitteilen.

Noch ein letztes Wort zu den im Artikel genannten Evangelien. Hier dann zu sagen, das es aus *Quellenkritischer Sicht* absurd sei, die Aussagen des Evangeliums zu bezweifeln, ist schon selber absurd. Wenn überhaupt, wurden die Evangelien ca. 60-80 Jahre nach dem Tod von Jesus niederge- schrieben. Und das die divergierenden Äußerungen in den Evangelien eher als glaubwürdig denn als unwahr gelten aufgrund eben dieser Unterschiede ist einfach nur albern. Ein einmal existierender Mythos, eine Legende oder auch Sage wird natürlich durch *zunächst mündliche* Überlieferung in vielen Teilen seines Urkerns eine Änderung erfahren haben ist wohl selbstverständlich.

Und selbstverständlich bleibt über einen Zeitraum von fast 100 Jahren die Quintessenz erhalten. Das ist aber noch kein schlüssiger Beweis eben für etwas. Also wissenschaftstheoretisch höchst bedenklich.

Was bleibt als Resümee?

Die Faktenlage ist beunruhigend und höchst bedrohlich für die Theologie. Doch das stört sie wenig. Allerdings denke ich das wir es hier mit einem Produkt der allerhöchsten wissenschaftlichen Verblödung zu tun haben, ganz im Sinne der Dudendefinition. Denn wie soll man es sonst bezeichnen, wenn wie dargestellt, Kriterien und Parameter nach eigenem Gutdünken umgemünzt werden, nur um ins akademische Schema zu passen ? Entweder sollen damit die Menschen die es letztendlich betrifft verblödet werden oder es handelt sich wirklich um ein begrenztes geistiges Potential der Urheber. Doch möchte ich zuguterletzt dem deutschen Philosophen Friedrich Nietzsche (1844-1900) ein Wort zur Thematik erteilen, das eigentlich alles beinhaltet.

Wer Theologen-Blut im Leibe hat, steht von vornherein zu allen Dingen schief und unehrlich. Das Pathos, das sich daraus entwickelt, heißt sich Glaube: das Auge ein für alle Mal vor sich schließen, um nicht am Aspekt unheilbarer Falschheit zu leiden. Man macht bei sich eine Moral, eine Tugend, eine Heiligkeit aus dieser fehlerhaften Optik zu allen Dingen, man knüpft das gute Gewissen an das Falschsehen, – man fordert, daß keine andre Art Optik mehr Werth haben dürfe, nachdem man die eigne mit den Namen »Gott«, »Erlösung«, »Ewigkeit« sakrosankt gemacht hat. Ich grub den Theologen-Instinkt noch überall aus: er ist die verbreitetste, die eigentlich unterirdische Form der Falschheit,

die es auf Erden giebt. Was ein Theologe als
wahr empfindet, daß muß falsch sein: man hat
daran beinahe ein Kriterium der Wahrheit. Es
ist sein unterster
Selbsterhaltungs-Instinkt, der verbietet, daß
die Realität in irgend einem Punkte zu Ehren
oder auch nur zu Worte käme. So weit der
Theologen-Einfluß reicht, ist das Werth-
Urtheil auf den Kopf gestellt, sind die Begriffe
»wahr« und »falsch« nothwendig umgekehrt:
was dem Leben am schädlichsten ist, das heißt
hier »wahr«, was es hebt, steigert, bejaht,
rechtfertigt und triumphiren macht, das heißt
»falsch«

(Friedrich Nietzsche-Morgenröte-Der Antichrist)

190

Als Anhang nachstehend noch zwei Artikel, die die von mir gemachten Äußerungen zum größten Teil ergänzen und als Beleg dienen sollen.

Pfarrer: „Jesus Christus gab es nicht"
Calvinist hält Jesus für einen „Mythos aus Ägypten" und löst Debatte aus.

Den Haag. Bei den vielen Schattierungen des protestantisch-calvinistischen Glaubens in den Niederlanden ist vieles möglich. Vor allem wird unter Calvinisten viel und heftig über ihren Glauben diskutiert. Derzeit sogar über eine Frage, von der eigentlich fast alles abhängt: Ob es Jesus wirklich gegeben hat. Und was verkündete da jüngst Pfarrer Edward van der Kaaij von der Kanzel in der Vredenskerk (Friedenskirche) im Städtchen Nijkerk nordöstlich von Utrecht: „Jesus gab es nicht. Er ist ein Mythos."
Der Pfarrer, der Jesus leugnet, ist in aller Munde und löst heftige Debatten aus. In Nijkerk (40.000 Einwohner) schätzt man ihn

darob sehr, obwohl es auch Kritiker gibt, die mit seiner „Lehre" nicht einverstanden sind: „Unser Pfarrer bezweifelt das, woran wir glauben", heißt es. „Er predigt Unsinn." Und so schlägt ihm ein rauer Wind entgegen: In anderen reformierten Gemeinden will man ihn nicht mehr hören, schon gar nicht als Prediger von der Kanzel. „In vielen Gemeinden ist Herr van der Kaaij nicht mehr willkommen", stellt Meindert Zuur vom calvinistischen Kirchenrat der Kruiskerk (Kreuzkirche) fest. „Seine Auffassungen sind mit unserem Glauben nicht vereinbar." Der Pfarrer, ein studierter Jurist und Theologe, hat seine Thesen in einem Buch publiziert. Titel: „Die schwierige Wahrheit des Christentums". Die Kernthese: Der historische Jesus, wie man ihn aus der Bibel kennt, hat nie existiert. Die Figur wurzle in einem uralten Mythos aus Ägypten, in dem sich alle Elemente des christlichen Glaubens fänden, etwa die Geburt Jesu durch eine Jungfrau, das Sterben am Kreuz, die Auferstehung. „Nicht alles, was in der Bibel steht, ist auch geschehen", meint van der

Kaaij ferner. Dennoch glaube auch er an ein Leben nach dem Tod.

Symbol für Gedankenfreiheit

Selbst laizistische Kommentatoren in holländischen Medien halten die Jesus-Leugnung durch einen Pfarrer für ein „starkes Stück". Sie sehen aber eine Symbolik der Freiheit des Denkens in den Niederlanden: „Hier darf so ein Pfarrer in seiner Heimatgemeinde weiter predigen. Man stelle sich die Folgen vor, würde ein Imam die Existenz Mohammeds bezweifeln."

"Die Presse", Print-Ausgabe, 19.03.2015)
http://diepresse.com/home/panorama/religion/4688671/
Pfarrer Jesus-Christus-gab-es-nicht

Jesus von Nazaret gilt heute auch selbst vielen Atheisten als historisch belegte Person. Hermann Detering, promovierter Theologe und Pfarrer im Ruhestand, hingegen ist nicht dieser Auffassung. In seinem neuen Buch „Falsche Zeugen. Außerchristliche Jesuszeugnisse auf dem Prüfstand" zeigt er, dass auf die als Belege für die Existenz Jesu herangezogenen antiken Quellen kein Verlass ist.

Sehr geehrter Herr Detering, hat Jesus wirklich gelebt? Die meisten Theologen halten die historische Existenz von Jesus von Nazaret durch biblische wie außerbiblische Zeugnisse hinreichend belegt. Sie sind anderer Meinung?

Man sollte sich durch so viel Einmütigkeit nicht einschüchtern lassen. Für mich galt und gilt immer der Satz Bertrand Russells, dass dort besondere Vorsicht angebracht ist, wo sich alle Experten einig sind. Die biblischen Berichte scheiden als Zeugen für die historische Existenz Jesu schon deswegen aus, weil es sich dabei nicht um

Geschichtsschreibung, sondern um Glaubenszeugnisse handelt. Hinzu kommt, dass es sehr schwierig ist, sie zeitlich einzuordnen und die darin enthaltenen Verfasserangaben in der Regel nicht stimmen. Die Mehrheit der Theologen räumt heute ein, dass die jeweiligen Evangelien nicht von den in der Überschrift genannten Verfassern stammen. Einige Evangelien werden erstmals am Anfang des zweiten Jahrhunderts bezeugt – allerdings von „Zeugen", die ihrerseits im Verdacht stehen, gefälscht zu sein.

Was Paulus betrifft, so kann der schon deswegen nicht als Zeuge eines historischen Jesus gelten, weil er gar nicht über ihn, sondern über den Hauptdarsteller eines mythologischen Dramas schreibt. Einige ganz wenige scheinbare Stellen der Bestätigung, z.B. Jesus sei Davidssohn oder aus einer Frau geboren, sind vermutlich spätere Einschübe aus einer Zeit, in der man begann, daran Anstoß zu nehmen. Jedenfalls existierten Texte, in denen diese Angaben noch fehlen.

Bleiben also nur die außerchristlichen Jesuszeugnisse. Wie umfangreich sind diese Quellen?

Alles in allem sind es sechs Kronzeugen, die von Theologen zur Begründung ihrer Behauptung, Jesus sei außerchristlich bezeugt, aufgeführt werden: der jüdische Historiker Josephus, die römischen Historiker und Schriftsteller Tacitus, Plinius und Sueton. Dazu kommt noch der angeblich Brief eines Vaters an seinen Sohn und ein weiteres Zeugnis, das wir nur aus dritter Hand besitzen. Die zentralen Aussagen dieser angeblichen „Zeugen" über Jesus ließen sich leicht auf einer Postkarte unterbringen. Im Buch versuche ich zu zeigen, dass der Wert der außerchristlichen Zeugnisse in der Vergangenheit maßlos überschätzt wurde. Man sah darin unabhängige Quellen. In Wahrheit wurden sie christlich überarbeitet – was angesichts der antiken und mittelalterlichen Methode der handschriftlichen Überlieferung nicht weiter verwundert. Für einen christlichen Kopisten war es ein Leichtes, den vorliegenden Text in seinem Sinne zu verbessern und zu „ergänzen".

Gibt es neues Quellenmaterial zur Frage der Historizität Jesu? Die These, Jesu habe nicht gelebt, ist ja schon älter.

Es sind zwar neue Quellen entdeckt und veröffentlicht worden – man denke an das erst vor kurzem veröffentlichte Judasevangelium oder die nach 1945 entdeckten Handschriften in Qumran und Nag Hammadi – allerdings haben diese im Hinblick auf die Frage der Historizität Jesu wenig neue Erkenntnisse gebracht. Auffallend ist nur, dass Jesus in den Qumranschriften gar nicht vorkommt, während er in der gnostischen Literatur von Nag Hammadi vorwiegend als mythologische Gestalt auftritt. Die Frage nach der Historizität Jesu ist in der Tat nicht neu und wurde schon vor dem Zweiten Weltkrieg in Deutschland diskutiert. Danach waren die

Theologen sehr bedacht darauf, wieder zur Tagesordnung zurückkkzukehren und erklärten die Frage von sich aus für erledigt. Allerdings kann es sich in der Wissenschaft manchmal als sinnvoll erweisen, einen scheinbar abgeschlossen Fall noch einmal neu aufzurollen. Das gilt zumal dann, wenn der Verdacht besteht, dass bei der Bearbeitung des Falles eine gewisse Parteilichkeit im Spiel gewesen sein dürfte. Hinzu kommt, dass die Methoden zur Untersuchung alter Texte, die in dieser Angelegenheit eine wichtige Rolle spielen, sich in der Zwischenzeit verbessert und verfeinert haben. Heute gibt es eine Reihe von Datenbanken, mit deren Hilfe es möglich ist, die Verwendung von einzelnen Wörtern oder Lieblingswörtern bestimmter Autoren in Sekundenschnelle festzustellen und zeitlich einzuordnen. Wozu das gut sein kann, will ich an einem simplen Beispiel erläutern. Nehmen wir an, wir würden in einer Lutherhandschrift den Satz finden, Jesus habe die „Kids" gesegnet. Da würde sicherlich jeder fragen, wie es wohl mit der

Echtheit dieser Handschrift bestellt sein mag. In den sogenannten außerchristlichen Zeugnissen finden sich oftmals Wörter und Ausdrücke, die nicht aus der Zeit stammen können, in der die Verfasser lebten, sondern aus einer späteren Epoche. Das zeigt, dass die originalen Texte der Verfasser offenbar christlich „überarbeitet" wurden. Betrachten wir exemplarisch einige dieser Zeugen. Flavius Josephus spricht von einem „weisen Mann" Jesus. Ist das kein Beleg? Um als historisch zuverlässig zu gelten, müsste das Zeugnis des Josephus, das auch als „Testimonium Flavianum" bezeichnet wird, einen Niederschlag in der frühen christlichen oder nichtchristlichen Literatur hinterlassen haben. Das ist jedoch nicht der Fall. Ob Justin, Hippolyt, Irenäus, Tertullian, Origenes usw. – sie alle schweigen. Dabei hätten diese frühen christlichen Schriftsteller allen Grund gehabt, sich darauf zu berufen. Immerhin hätten sie mit dem Hinweis auf den „weisen Mann" Jesus Verleumdungen und Verdächtigungen, denen sie vonseiten der

Juden ausgesetzt waren, ausräumen können.
Der Kirchenhistoriker Eusebius ist der erste,
der das Zeugnis des Josephus zitiert.
Merkwürdigerweise ähnelt das „Testimonium
Flavianum", wie ich in dem Buch zeige, in
Wortwahl und Ausdrucksweise seinem
eigenen Sprachstil. Merkwürdig, oder?
Sicher kein Zufall.

Und was ist mit dem „Chrestus" des Sueton?

In seinen berühmten Kaiserbiographien
berichtet der römische Historiker Sueton von
einem Mann namens Chrestos, der unter
Kaiser Claudius die Juden in Rom zum
Aufruhr angestachelt haben soll. Darauf
habe Claudius die Juden aus Rom
vertrieben. Man fragt sich, wie Theologen in
dieser Passage überhaupt ein Jesuszeugnis
haben erblicken können. Denn erstens heißt
der Mann Chrestos und nicht Christus, und
zum andern hat er in der Regierungszeit des
Claudius gelebt (41-54 u.Z.). Jesus ist aber
bereits unter Tiberius (14-37 u.Z.) gestorben.
Man muss schon sehr phantasievoll mit den
Quellen umgehen und eine Reihe von

Missverständnissen voraussetzen, um zu dem von vielen Theologen gewünschten Ergebnis zu gelangen. Dabei ist alles viel einfacher, wenn man Chrestos Chrestos sein lässt. Chrestos war übrigens ein verbreiteter Sklavenname.

Ist die berühmte Christenverfolgung unter Kaiser Nero, die uns Hollywood so eindrücklich vor Augen führt, nicht ein Hinweis auf ein frühes Christentum, und somit wenigstens indirekt auf Jesus?

Auch an dieser Stelle herrscht bei den frühchristlichen Zeugen wieder einmal tiefes Schweigen. Der von dem römischen Historiker Tacitus behauptete Zusammenhang von Rombrand und Christenverfolgung ist ihnen unbekannt. Es ist kaum anzunehmen, dass die christlichen Apologeten diesen schweren Vorwurf auf sich und ihren Glaubensbrüdern hätten sitzen lassen – wenn sie davon gewusst hätten. **Dass die Christen wegen ihrer angeblichen Brandstiftung von Kaiser Nero verfolgt worden sein sollen, wird erst im 4. bis 5. Jahrhundert von dem Verfasser der gefälschten Korrespondenz zwischen Paulus und Seneca und von dem Kirchenhistoriker Sulpicius Severus behauptet. Auch hier ähnelt die Passage bei Tacitus der Stelle bei Sulpicius Severus sehr stark in Wortwahl und Ausdruck. Vermutlich hat ein späterer Christ die Tacitusausgabe mit einem Auszug aus dem Werk des Sulpicius „ergänzt".**

Heute gibt es eine zunehmende Zahl von Historikern, die daran zweifelt, ob die Behauptung, Kaiser Nero habe Rom angezündet, überhaupt zutrifft. Warum hätte der kunstbeflissene Kaiser in Kauf nehmen sollen, dass sein Palast mit den kostbaren Kunstschätzen verbrannte? Zumindest hätte er seine Kunstschätze vorher in Sicherheit gebracht.

Was ist der erste zuverlässige Beleg, wenn schon nicht für Jesus, dann wenigstens für das frühe Christentum?

Die ersten Zeugnisse kommen aus der Mitte bzw. der zweiten Hälfte des 2. Jahrhunderts. Kaiser Marc Aurel ist sicher ein vertrauenswürdiger Zeuge. Ebenso Lukian, der in seinem „Leben des Peregrinus Proteus" auf humorvolle Weise einen Scharlatan porträtiert, der in den frühen christlichen Gemeinden eine führende Rolle spielte.

Worin unterscheidet sich die These, Jesus habe nicht gelebt, von der in der Frühaufklärung oft vertretenen „Priesterbetrugshypothese"?

Der Vorwurf des Priesterbetrugs setzt voraus, dass Menschen von Priestern bzw. Theologen wissentlich hinters Licht geführt wurden. Der Mensch Jesus von Nazaret ist nicht das Ergebnis eines wissentlichen Betrugs, sondern einer längeren, sehr komplizierten historischen Entwicklung, an deren Ende niemand mehr genau wusste, was am Anfang wirklich passiert war. Richtig ist allerdings,

*dass die Kirche einen „geschichtlichen"
Jesus besser gebrauchen konnte als ein
metaphysisches Himmelswesen. Mit
Letzterem hätte sich beispielsweise die
kirchliche Ämternachfolge, die auf
Handauflegung beruhte, nur schlecht
begründen lassen. Außerdem hatte die Kirche
darauf zu reagieren, dass für die Mehrheit
der Gläubigen nur das wirklich ist, was
historisch ist. Das ist ja bis heute so. Leider.*

*Wie, wo und wann kann das Christentum,
wenn es nicht auf einen Jesus von Nazaret
zurückzuführen ist, sonst entstanden sein?*

*Nachdem auch das eine Weile bestritten
wurde, weiß man heute wieder, dass die
Verehrung sterbender und auferstehender
Gottheiten in der Antike sehr verbreitet war.
Die Mythen eines Attis, Adonis, Dionysus,
Herakles weisen — trotz unterschiedlicher
Einzelheiten – im Kern das gleiche
Grundmuster auf wie die Überlieferung über
Tod und Auferstehung Jesu. Klage- und
Auferstehungsfeiern für Adonis, Attis und
andere Kultgottheiten waren über den*

ganzen Mittelmeerraum verbreitet und fanden teilweise zu derselben Zeit statt wie Karwoche und Ostern.

Das Christentum hat den Grundgedanken des sterbenden und auferstehenden Mysteriengottes mit dem des auf die Erde kommenden und wieder zum Himmel fahrenden gnostischen Erlösers kombiniert und daraus einen ganz selbstständigen, eindrucksvollen Mythos geschaffen. Der war ursprünglich noch ohne zeitliche Fixierung. Erst gegen Mitte des 2. Jahrhundert entstanden daraus die heutigen Evangelien. Darin wird Jesus als geschichtliche Person unter Pontius Pilatus dargestellt. Zugleich wurden dabei die kirchlichen Auseinandersetzungen des 2. Jahrhunderts in die vermeintlichen Anfänge im ersten Jahrhundert zurückprojiziert. Die Weichen für diese ganze Entwicklung wurden in Rom gestellt.

Wenn Jesus nie existiert hat, sondern eine Erfindung von Menschen ist, eine Art ins Religiöse gewendeter „Harry Potter", was bleibt dann vom christlichen Glauben übrig, von der Autorität der Kirchen?

Die Wahrheit des Glaubens sollte sich nicht über die Geschichte definieren. Das Gleichnis vom „Verlorenen Sohn" verliert nicht an Wert, wenn ich weiß, dass Vater und Sohn fiktive Gestalten sind. Und umgekehrt wird das Gleichnis für mich nicht dadurch wichtiger, dass ich Namen und Adresse der auftretenden Personen kenne. Ob es einen historischen Jesus gegeben hat, der am Kreuz gestorben ist, ist in religiöser Hinsicht irrelevant… sollte es jedenfalls sein für jemanden, der für die Sprache der Zeichen und Symbole empfänglich ist. Entscheidend ist, welche Bedeutung das Kreuz für mich und mein Gottesbild hat. Wir müssen wieder zurück zu einer poetischen Betrachtungsweise der Bibel. Die ersten Evangelien wurden als Gleichnisse und nicht als Geschichte verfasst.

Fürchten Sie nicht, Probleme mit Ihrer Kirche zu bekommen?

Wovor sollte ich mich fürchten? Da sich meine Kollegen nach eigenem Selbstverständnis als „Wahrheitswissenschaftler" betrachten, werden sie gerne mit mir um die geschichtliche Wahrheit streiten wollen. Ich freue mich auf jede offene und sachliche Auseinandersetzung.

Die Fragen stellte Martin Bauer.

Hermann Detering: Falsche Zeugen. Außerchristliche Jesuszeugnisse auf dem Prüfstand. Aschaffenburg: Alibri 2011. 243 Seiten, kartoniert, Euro 19.-, ISBN 978-3-86569-070-8

https://hpd.de/node/12044/seite/0/1 Aufruf 01/2023
1

So, damit wäre es dann erst einmal mit dieser Art der tatsächlichen Verblödung genug. Nur noch ein Hinweis: Bis heute ist Jesus immer noch keine authentische Figur. **Punkt.**

Die spezielle Verdummung des Menschen läßt sich sehr gut auch am Beispiel der sogenannten sozialen Medien erkennen, jenen Sammelbecken vollendeter Verblödung und sich gleichzeitig leider als Armutszeugnis menschlichen Miteinanders darstellt.

Wie bereits kurz erwähnt tummeln sich auf unzähligen Internetseiten sog. Influencer mit dem mentalen Anspruch einer Würstchen-Bude.

In unzähligen Foren und in Portalen werden Meinungen zu Politik, Gesellschaft und anderen Themen geäußert, die das Format, mit Verlaub, einer Förderschule aufweisen ohne diesen Schultyp hier diskriminieren zu wollen. Bitte verstehen sie mich nicht falsch, es geht um die intellektuellen Leistungen die diese sog. User von sich geben. Das Niveau spricht teilweise für sich. Wenn wundert es, wenn User nichts anderes, pardon, in der Birne haben als Computerspielchen und armselige Dating-Portale.

„Ich habe überhaupt keine Hoffnung mehr in die Zukunft unseres Landes, wenn einmal unsere Jugend die Männer von morgen stellt. Unsere Jugend ist unerträglich, unverantwortlich und entsetzlich anzusehen."

Aristoteles

Es ist also schon längst keine traurige Mär mehr das Jugend verblödet. Zum Teil jedenfalls.

Aber Schuld hat natürlich nicht die Jugend, nein, natürlich nicht denn wie immer hat natürlicherweise der Staat, die Gesellschaft und wenn gar nichts mehr passt haben selbstverständlich die Eltern gepatzt. Ausreden lassen sich stets finden um die eigene Fehlbarkeit zu entschuldigen. Statt auf seine vielgescholtene innere Stimme zu hören, woher diese auch immer stammen mag, wird dem größten Schwachsinn seine Aufmerksamkeit gewidmet.

Wie bereits erwähnt, ist dem Schmarotzertum der sogenannten Influencer und ihren debilen Lakaien, den Followern, jedes Tor geöffnet.

Aber was will man auch von sogenannten Politikern der unterschiedlichsten Coleur erwarten, die das Ganze unter dem Begriff Digitalisierung subsummieren und selbst in ihren Wahlauftritten dafür werben, diesen Unsinn auch noch auszubauen.

Gesellschaftsfähig ist dieser mentale Auswuchs der sozialen Medien schon längst; Facebook, Instagram und die anderen Ableger dieser infantilen und zugleich hochgefährlichen Einrichtungen sind nicht mehr wegzudenken aus dem täglichen Leben vieler sog. Nutzer.

Wenn die Frage an Jugendliche lautet, wer Goethe gewesen ist, und die Antwort lautet ein bekannter Rapper, dann weiß man wo wir stehen.

Nunmehr wird dieser gesamte Morast auch noch durch die sogenannte künstliche Intelligenz gefestigt, diesem menschlichen Versagen um sein eigenes Gehirn abzuschalten und sich lieber auf Algorithmen und Hochleistungsprozessoren zu setzen. Was für eine Kapitulation des menschlichen Verstandes.

Das Internet befindet sich momentan noch in der virtuellen Steinzeit. Das wird sich aber ziemlich schnell ändern. Es wird die Welt grundlegend verändern. Und das nicht nur zum Besseren. Hi Babe, Big Brother is watching you ...

Wolfgang Beinert, 2000
https://www.wolfgang-beinert.de/zitate/internet/
Aufruf 02/2025

Allzu vieles kann ich dem auch nicht mehr hinzufügen. Nur die nachfolgende wissenschaftliche Stellungnahme die alles Gesagte faktisch als Narrativ zu bewerten.

Soziale Medien – Sprengstoff für unsere Gesellschaft und unsere Wirtschaft Wir erleben eine Pandemie des Medienkonsums – mit bedrohlichen Folgen. Während erste Länder gegensteuern, will das Wirtschaftsministerium die Verblödung der Jugend sogar noch weiter fördern.

Autor
Christian Kreiß
28.10.2023 11:45
Aktualisiert: 28.10.2023 11:45

In einem vom Bundesgesundheitsministerium veröffentlichten Bericht von Oktober 2022 zu den Folgen der Corona-Zeit auf den Substanz- und Medienkonsum heißt es, dass während der Corona-Zeit eine deutliche Zunahme des Medienkonsums von Jugendlichen (14-17 Jahre) und jungen Menschen (18-21 Jahre) in Deutschland stattgefunden habe.
Er betrage bei Jugendlichen derzeit fünf Stunden pro Tag an einem typischen Wochentag (Schultag, Arbeitstag) und knapp sieben Stunden an freien Tagen. Sieben

212

Stunden. Das ist fast die Hälfte der wachen Tageszeit. 2015 waren es noch knapp drei Stunden gewesen (166 Minuten täglich).Etwa 60 Prozent der Jugendlichen und 57 Prozent der jungen Erwachsenen zeigten demnach „einproblematisches Internetnutzungs-verhalten". Das betrifft Mädchen bzw. Frauen häufiger als Jungen: Bei den Mädchen zeigen 67,7 Prozent, bei den Jungen 50,5 Prozent ein Internet-Suchtverhalten, bei den jungen Frauen 63,6 Prozent, bei den jungen Männern 49,4 Prozent.Kurz: Drei von fünf Jugendlichen in Deutschland im Alter von 14 bis 17 zeigen derzeit ein „problematisches Internetnutzungsverhalten". Welche Auswirkungen hat diese übermäßige, zwanghafte Internetnutzung?

Mediennutzung und seelische Belastungen von Mädchen und jungen Frauen

Seit etwa 2015 zeichnet sich ein Trend zur Verschlechterung der geistig-seelischen Gesundheit junger Mädchen ab, die zu stark steigenden Selbstmorden und

Selbstverstümmelung führt. Die Statistiken sprechen eine beeindruckende Sprache. Seit 2010 sind laut economist in 11 Ländern die Krankenhausaufenthalte von Teenagerinnen wegen Selbstverstümmelung um 143 Prozent gestiegen. Bei Jungen stiegen sie um 49 Prozent.Als Hauptgrund dafür wird die stark zunehmende Nutzung von Social Media, insbesondere Instagram genannt. Smartphones sind demnach besonders gefährlich für Mädchen, weil Jungs sich mehr mit Videospielen beschäftigen und weniger mit „depressions-erzeugenden Social Media". Zahlreiche Studien hätten gezeigt, dass Social Media Trauer und Angst bei Teenagern erzeugen können. Laut The Guardian, der sich Anfang 2021 auf eine Studie des British Journal of Psychiatry bezieht, haben in Großbritannien 7 Prozent aller Kinder mit 17 Jahren einen Selbstmordversuch begangen und fast jeder Vierte beging einen Akt der Selbstverstümmelung im letzten Jahr. Davon waren besonders Mädchen betroffen. Als ein Grund wird genannt, dass „Social Media ein toxisches Umfeld" sein können. Im britischen

Oberhaus gab es Anfang 2022 angesichts der steigenden Fallzahlen von Suiziden und Selbstverstümmelungen bei Mädchen eine umfangreiche Anfrage darüber, „welche Rolle Social Media beim Tod von Kindern in Großbritannien spielten, inklusive Selbstmorde, Selbstverstümmelung und Mord".

Die dunkle Seite von Facebook, Instagram und Marc Zuckerberg

Ab September 2021 veröffentlichte das Wall Street Journal eine ungewöhnlich umfangreiche Artikelserie zu Facebook. Dem Journal waren interne Unterlagen des Medienkonzerns zugespielt worden, die unter anderem die stark negativen Auswirkungen von Instagram auf die geistig-seelische Gesundheit insbesondere junger Mädchen aufzeigen. Laut den internen Unterlagen wussten Facebook und Mark Zuckerberg beispielsweise, dass 32 Prozent der Teenagerinnen sich nach Instagram schlechter *fühlten, wenn sie sich bereits vorher schlecht gefühlt hatten. „Vergleiche auf Instagram können verändern, wie sich junge Frauen sehen und sich selbst beschreiben." Außerdem wusste Facebook demnach genau, dass Instagram süchtig macht. In der Öffentlichkeit hätten aber Mark Zuckerberg und andere Führungskräfte von Facebook immer wieder betont, dass die Forschungsergebnisse nicht eindeutig seien, dass Facebook wenig schädlich sei und auch viele vorteilhafte Einflüsse habe.Ein US-Senator meinte, Facebook habe die Blaupause von big tobacco übernommen – Teenager mit gefährlichen Produkten ködern und gleichzeitig in der Öffentlichkeit die wissenschaftlichen Ergebnisse verheimlichen. Die US-amerikanische Psychologie-Professorin Jean Twenge führte aus: Zu glauben, dass ein Tabakkonzern ehrlicher mit dem Zusammenhang zwischen Rauchen und Krebs umgehen solle, sei ebenso naiv wie zu glauben, dass Facebook ehrlicher mit dem Zusammenhang von Instagram und*

Depressionen von Teenagerinnen umgehen solle.

Der Leiter des US-Gesundheitswesens empfiehlt: Keine Nutzung von Social Media unter 16

Mitte Juni 2023 erschien im Wall Street Journal ein Artikel mit der Überschrift: „Warum 16 das Mindestalter für Social Media sein sollte – Ein Plädoyer, Tiktok, Snapchat und Instagram für Kinder unter 16 zu verbieten". Da die Schäden von Social Media die Nutzen überwögen und da die bestehenden Gesetze Marketing und Datensammeln schützten, nicht die Sicherheit für Kinder, empfahl die Zeitung, analog dem Autofahren Kindern erst ab 16 Jahren die Nutzung von Social Media zu erlauben. Das Wirtschaftsjournal berief sich dabei auf die Aussagen des Arztes Vivek Murthy. Murthy ist Leiter des US-Gesundheitswesens (Surgeon General) und will seinen eigenen Kindern, 5 und 6 Jahre alt, vor 16 keinen Zugang zu

Social Media geben. Es gebe viele wissenschaftliche Hinweise darauf, dass die Nutzung von Social Media ab 10 Jahren zu der derzeitigen „youth mental health crisis" beitrügen. Murthy sieht diese als die derzeit größte Herausforderung für das öffentliche Gesundheitswesens an. Ärzte und Politiker seien sich einig, dass 13 für die Nutzung von Social Media zu jung sei. Unter 16 seien die Jugendlichen viel zu empfindlich für Gruppendruck, Meinungen und Vergleiche. Das Gehirn sei in diesem frühen Lebensalter in seiner Entwicklung noch viel zu verwundbar, um es den Social Media auszusetzen. Das sind überraschende Aussagen für ein Wirtschaftsjournal, das sich für einen möglichst freien Kapitalismus einsetzt.

Auswirkungen der Mediennutzung auf unsere Jungs

Jungs nutzen teilweise andere Arten von Social Media, andere Computerspiele und sie reagieren meist auch anders als Mädchen auf

Mediennutzung. Während Jungs die Aggression stärker nach außen leben, reagieren Mädchen oft mit Aggression nach innen (Autoaggression). Kriegs- und Killer-Simulationen wie fortnite, World of Warcraft, Call of Duty und so weiter werden mehrheitlich von Jungs und jungen Männern gespielt. In seinem Film Fahrenheit 9/11 zeigte Michael Moore bereits 2004, wie im US-Militär junge Soldaten durch solche Spiele auf Kampfeinsätze im Krieg vorbereitet wurden. Diese Art von Kriegsspielen werden demnach von den militärischen Vorgesetzten gezielt eingesetzt, um die jungen Männer gefühllos und unempathisch zu machen, um ihnen Mitleid abzuerziehen, um gegenüberstehende Soldaten nicht mehr als Mensch, sondern als zu eliminierenden Feind anzusehen. Aus Soldaten- bzw. Kriegssicht macht das Sinn. Soldaten sollen in Kampfeinsätzen töten, dazu sind Mitleid und Empathie hinderlich. Soldaten sollen zu Kampfmaschinen erzogen werden. Skrupel zu schießen, zu töten, sollen durch solche Spiele aberzogen werden. Kurz: Diese Spiele werden

zur Förderung von Skrupellosigkeit, zur
Entmenschlichung und zur Verrohung
verwendet. Die professionellen Ausbilder von
Soldaten wissen ganz genau, was sie da tun
und warum sie es tun. Umso erstaunlicher ist
es, dass wir unsere Kinder und Jugendlichen
in größtmöglichem Umfang und ohne
nennenswerte öffentliche Diskussion diese
Killer "spiele" spielen lassen. Altersschranken
werden oft umgangen. Häufig spielen bereits
Zehnjährige diese Art von Killer- und Ego-
Shooter-Spielen. Was geschieht da in den
Seelen unserer Kinder? Schon erwachsene
Männer, US-Soldaten, sprechen offenbar auf
diese Art Verrohung an und werden
unmenschlicher. Um wieviel mehr trifft das auf
Minderjährige zu? Je früher unsere Kinder in
diese Art Killerspiele eintauchen, je länger sie
am Bildschirm töten, je weiter verbreitet diese
Art Fun-Beschäftigung ist, desto mehr werden
sie zur Unmenschlichkeit erzogen. Ich
befürchte, dass nach ein paar Kohorten von
Kindern und Jugendlichen, die mit diesen
entseelenden Spielen besonders früh angefixt
wurden, schlimme gesellschaftliche Folgen auf

uns zukommen. Aggression, Rücksichtslosigkeit, Egoismus, aber auch Suchtverhalten und Krankheit werden meiner Einschätzung nach dadurch massiv gefördert. Unsere Kinder und Jugendlichen werden ja allein durch fortnite bereits heute zu hunderten Millionen auf den Krieg aller gegen alle eingeschworen und vorbereitet. Durch fortnite, das mit höchster Intelligenz, brillantem Design und genialem Marketing arbeitet, ist es erstmalig gelungen, Legionen von Minderjährigen so früh für gegenseitiges Umbringen zu begeistern wie nie zuvor. Bei Millionen von jungen Männern werden dadurch meiner Meinung nach die Moralstandards gesenkt.

E-Sport-Verharmlosung

Die Verharmlosung dieser Prozesse wird von den Lobbyisten der Branche aktiv und bewusst vorangetrieben. Vor dem Bildschirm verbrachte Zeit ist das Gegenteil von Bewegung, Gymnastik und Sport. Begriffe und Benennungen sind wichtig für die

Wahrnehmung in der Öffentlichkeit, unter anderem bei Eltern. Wettbewerbe bei Kriegs- und Killer-Simulationen wie Counter Strike oder fortnite als „E-Sport", also elektronischen „Sport" zu labeln ist ein geschickter Schachzug der Lobbyisten und eine exakte Verdrehung der Wahrheit. Das sagt viel aus über unsere Moralstandards, besser: die Doppelmoral, die hier vorherrscht. Die derzeitige rot-grün-gelbe deutsche Bundesregierung plant laut Koalitionsvertrag, E-Sport den Gemeinnützigkeitscharakter zu verschaffen und damit also unsere Kinder krankmachende Prozesse durch Steuerprivilegien zu fördern.

Auswirkungen

In dem Maße, in dem die Gesundheit sinkt, vermindert sich die Arbeitskraft und wir müssen darüber hinaus zusätzliche Ressourcen in das Gesundheitswesen stecken. Das vermindert unsere reale Wirtschaftskraft und unseren Lebensstandard. Wenn Moral und Ethik verfallen, setzen Gegenmechanismen ein, die von außen herbeiführen sollen, was von innen zerfällt: Statt dass man sich intuitiv an Normen und Regeln hält, dass man sich anständig und ehrlich verhält, kommt dann der Versuch, Regeln und Gesetze über Polizeigewalt, Security, Überwachungskameras usw., über äußeren Zwang, Druck, Abschreckung und Furcht durchzusetzen. Das führt zu einer realen Abnahme unseres Wohlstandes wegen steigender unproduktiver Tätigkeiten. Der gesamtgesellschaftliche Schaden geht aber weit über stagnierende oder sinkende Wirtschaftskraft hinaus. Mit Blick auf die massiven schädlichen Einflüsse, denen unsere Jugend seit nicht einmal 20 Jahren über die elektronischen Medien ausgesetzt wird, sind wir momentan offenbar auf dem besten Weg dorthin.

Gegenmaßnahmen

China hat Anfang August 2023 ein neues Gesetz vorgelegt, das die Zeit, die junge Menschen an Mobilgeräten zubringen dürfen, stark begrenzt. Laut Wall Street Journal werden diese Maßnahmen China gegenüber den anderen Ländern noch weiter voraus bringen. Die Cyberspace Administration von China verlangt demnach von den Geräteherstellern künftig die Einführung von Zeitbegrenzungen. Die Maßnahmen seien geplant, um „die physische und geistige Gesundheit der jungen Menschen zu schützen". Die neue Gesetzesvorlage würde Kindern unter 8 Jahren nur mehr maximal 40 Minuten pro Tag an Mobilgeräten genehmigen, Jugendlichen von 16 bis 18 maximal 2 Stunden pro Tag. Bereits seit 2021 dürfen in China Kinder unter 18 nur mehr maximal 3 Stunden pro Woche (!) Videospiele spielen. China gehörte zu den ersten Ländern, die die app-Anbieter dazu verpflichtete, einen „Jugendmodus" einzuführen, der die Bildschirmzeit sowie die Art der Nutzung limitiert. Von 22 bis 6 Uhr soll die Internetnutzung für Minderjährige weitgehend gesperrt sein. 2021 war die Zulassung neuer Videospiele für neun Monate eingefroren worden. Angesichts der weltweit zunehmenden

Sorgen über Internet-Abhängigkeit und andere Krankheiten, wie zunehmende teenage-Depressionen oder gestörte Sozialkompetenzen im Gefolge starker Mediennutzung, haben laut Wall Street Journal bereits mehrere Länder Maßnahmen ergriffen um die geistige Gesundheit (mental health) ihrer Kinder zu schützen. n den USA habe der Gouverneur von Utah im März 2023 ein Gesetz beschlossen, das Kindern unter 18 ohne elterliche Erlaubnis die Nutzung von Social Media-Plattformen verbietet. Frankreich habe im Juni 2023 ein Gesetz eingeführt, wonach tiktok, Instagram und andere Plattformen von unter 15-Jährigen nur mehr mit schriftlicher Zustimmung ihrer Eltern nutzen dürfen. Das sind meiner Einschätzung nach erste, vielversprechende Schritte, um die geistig-seelische Gesundheit unserer Kinder vor dem Frontalangriff der g

Somit können wir auch diese eine spezielle Form der menschlichen Verblödung und Verdummung ad acta legen, sozusagen. Denn das unendliche Meer der Verblödung hat noch,leider, mehr auf Lager. Versprochen.

Ein weiteres heikles, weil gleichsam hochbrisantes Thema stellt der sogenannte Klimawandel dar.

Was lässt der Homo Technicus sich nicht alles einfallen um das angebliche Fortschreiten des Klimas aufzuhalten. Windkrafträder, Solarzellen, elektrische Autos etc.pp sollen etwas aufhalten was nicht aufzuhalten ist. Um es an einem wirklich banalen wenn auch zugegeben infantilen Beispiel zu erläutern: Haben Sie jemals die Idee gehabt, ihren physiologischen, normalen Alterungsprozess aufzuhalten?

Gewiß doch; und was haben Sie nicht schon alles probiert. Fasten, Low-Carbon. Omega-3-Fettsäuren, Mineralien,Spurenelemente,

Proteine, viel Sport. Life-Work-Balance, Meditation, und anderen nutzlosen Humbug.

Da können Sie machen was Sie wollen: Es wird ihnen nicht gelingen auch nur ansatzweise etwas zu erreichen. Botox-Spritzen hin, DNA-Forschung her.

Sie werden altern und irgendwann diese Welt verlassen müssen. Wie auch immer.

Eine schnöde wenn gleich realistische Beschreibung. Punkt.

Doch zurück zum Thema. Was wandelt sich denn nun? Allein schon diese Ausdrucksweise verrät welch Geistes Kind hier am Werke ist.

Mit dem Geist ist es wie mit dem Magen: man sollte ihm nur Dinge zumuten, die er verdauen kann. (Winston Churchill)

So kann man es ausdrücken, denn was hier an Aussagen zum Klimawandel getätigt werden, ist bar jeder gesunden Logik.

Alleine schon die Fragestellung ist kurios. Was ändert sich denn jetzt? Ändert sich das Klima oder vice versa das Wetter? Wetter oder Klima? Klima oder Wetter? Ja was denn jetzt?

Denn beides ist prinzipiell als synonym zu betrachten. Selbst unter Zuhilfenahme entsprechender Definitionen bleibt diese Thematik etwas nebulös.

Denn ob ich jetzt beim Klima von entsprechenden *Witterungsbedingungen* spreche oder das Wetter als *Witterungseigenschaft* bezeichne, bleibt sich generell gleich. Nein,so meinen Sie? Aber doch, meine Ich. Eine offensichtlich akademische Erbsenzählerei unterscheidet zwischen Wetter und Klima.

Lassen sie mich ein simples Beispiel machen: der

Das normale Klima im Mittelmeerraum ist milde, dass Wetter ist auch fast immer milde.

Somit lässt sich dann mithilfe des Common Sense konkludieren: Die klimatischen *Witterungsbedingungen* sind milde oder die *Witterungseigenschaften* stellen sich als milde dar. Ich denke, wir sollten mit diesen albernen Wortklaubereien aufhören und ganz global vom Wetter sprechen. Ob jetzt über La Nina und El Niño gesprochen wird, über dass globale Windsystem oder von Föhn und Permafrost gesprochen wird, im Prinzip alles das Gleiche um es einmal „*cool*´´ auszudrücken. Zunehmende Regenfälle mit sintflutartigem Charakter, unerträgliche Hitze- und Dürreperioden usw. werden als Witterungsphänome bezeichnen und nicht als Klimaphänomene. Komisch, nicht wahr?

Inwiefern nun der Mensch Einfluss auf dieses meteorologische Geschehen hat ist trotz aller Bekundungen noch nicht so ganz geklärt.

Letztendlich gebe es die vermeintlichen Verursacher in großer Anzahl nicht wie die Industrien, Autos, Flugzeuge usw. Wenn da nicht die enorme Quantität der Menschheit wäre. Wie bereits erwähnt leben auf diesem kleinen Planeten jetzt schon mehr als genug Menschen mit steigender Tendenz.

Ein Grund zur Sorge ist das jedoch nicht, sagt Catherina Hinz, Direktorin des Berlin-Instituts für Bevölkerung und Entwicklung. Auch die Ernährungs- und Landwirtschaftsorganisation der Vereinten Nationen (FAO) kommt zu dem Ergebnis, dass die Ernährung von so vielen Menschen möglich ist. „Es kommt nicht alleine auf die Zahl der Menschen an, sondern vor allem auf das Verhalten„, sagt Hinz. Denn der Ressourcenverbrauch und CO_2-Emissionen sind nicht bloß von der Bevölkerungszahl abhängig.
https://www.tagesschau.de/faktenfinder/kontext/ueberbevoelkerung-101.html

Na dann, wenn dieses Statement kein Grund zur Euphorie wäre, ja was denn sonst? Bedauerlicherweise ist es das aber nicht. Die gute Frau Direktorin erwähnt nicht, dass schon heute einfach kein Geld vorhanden ist, um den Hunger in dieser Welt effektiv zu bekämpfen oder sollte ich lieber schreiben das keinerlei gesteigertes Interesse besteht diesen grässlichen Zustand zu ändern.

Es ist absurd anzunehmen das es irgendwann einmal keinen Hunger mehr geben wird. Statt dessen wird tüchtig in die Raumfahrt investiert.

Aus welchem Grund wohl? Man muß schon ziemlich verdummt sein um hier keine Kausalität zu sehen.

Trotzdem gibt es noch Perspektiven, die als realistisch und nüchtern zu bewerten sind als dieser grüne Reigentanz der Öko-Verblödeten.

Florian Schoop 11.03.2024, 05.01 Uhr
Das Buch «Verkaufte Zukunft» des deutschen
Soziologen Jens Beckert ist für den Preis der
Leipziger Buchmesse 2024 nominiert.
David Ausserhofer

Herr Beckert, nachdem ich Ihr Buch gelesen hatte, dachte ich: Das war's, wir sind geliefert. Wissen Sie, warum?

Ja, das Ergebnis meiner Recherche macht leider nicht viel Hoffnung. Es ist düster, pessimistisch.

Ihr Fazit lautet: Wir werden den Klimawandel nicht stoppen können. Eine apokalyptische These.

Ich will nicht apokalyptisch sein. Lieber spreche ich von einem nachdenklichen Realismus. Ich möchte auf die Ernsthaftigkeit der Situation hinweisen – und auf die Notwendigkeit, sofort zu handeln. Denn unsere Optionen sind mittlerweile sehr beschränkt, um das Problem überhaupt noch in den Griff zu bekommen. Wir müssen uns auf eine Temperaturerhöhung von 2,5 bis 3 Grad bis zum Ende dieses Jahrhunderts einstellen.

Sie zeichnen sehr düstere Aussichten für die Generation Ihrer Kinder, denen Sie auch Ihr Buch gewidmet haben.

Leider, ja. Meine Kinder waren eine wichtige Motivation für das Buch. Sie gehen noch zur Schule und könnten bis ins Jahr 2100 leben. Eigentlich schreibe ich über die Zukunft meiner Kinder und der Generationen, die noch kommen werden. Ich war emotional betroffen, als mir klargeworden ist, worauf wir da wirklich zusteuern – und was das auch mit meinen Kindern machen wird. Eine interessante Erfahrung, als Wissenschafter auch emotional von einem Thema so eingenommen zu werden.

Zur Person

*scf. **Jens Beckert ist Direktor am Max-Planck-Institut für Gesellschaftsforschung und Professor für Soziologie in Köln. Zuvor hat er unter anderem in New York, Princeton und an der Harvard University gelehrt. Sein neues Buch «Verkaufte Zukunft» erscheint am Montag und ist für den Leipziger Buchpreis 2024 nominiert.***

Der renommierte deutsche Soziologe geht darin der Frage nach, warum es uns als Gesellschaft nicht gelingt, den Klimawandel zu stoppen – obwohl wir seit Jahrzehnten wissen, wie gefährlich die Erderwärmung ist. Seine Analyse gelangt zu einem

ernüchternden Schluss: dass der Kampf gegen den Klimawandel zu scheitern droht. Der 56-Jährige vergleicht den Ausstoß riesiger Mengen von Treibhausgasen mit einem Tanker, der einen Bremsweg von vielen Jahrzehnten hat. Dass das Schiff so lange braucht, um zum Stillstand zu kommen, liegt vor allem an der Vielzahl von Menschen an Bord. Einige wollen scharf bremsen, andere einfach weiterfahren. Hinzu kommt die bange Frage, ob sich der Tanker überhaupt bremsen lässt – oder ob er nicht einfach auseinanderbricht.

Warum haben Sie sich als Soziologe mit dem Klimawandel beschäftigt?

Es hat mich überrascht, wie wenig sich die Sozialwissenschaften mit diesem Thema auseinandergesetzt haben. Beschäftigt hat mich vor allem eine Frage: Wie können wir einfach so weiterleben, obwohl wir bereits seit drei Jahrzehnten wissen, was uns droht? Das finde ich schon sehr überraschend. Man könnte ja meinen, dass sich Menschen, die bedroht sind, gegen diese Bedrohung wehren.

*Das passiert aber nicht – oder noch viel zu
wenig.*

**Wirklich? Wir leben ja nicht einfach so
weiter. Nicht umsonst prahlen viele
Menschen damit, wie viele Jahre sie schon
nicht mehr geflogen sind.**

*Ich glaube, diese Menschen überschätzen
ihren Einfluss aufs Klima.*

*Die Fluggesellschaften schreiben
Rekordzahlen. Das zeigt doch: Die Leute
reisen in die Ferien wie verrückt. Klar gibt es
Menschen, die sich wegen des Klimas
fundamental einschränken. Aber in der
grossen Masse findet das nicht statt.*

**Sie nennen Versuche von Menschen, die
ihren Alltag klimafreundlicher gestalten,
«symbolische Ersatzhandlungen». Klingt
ziemlich despektierlich.**

*Das mag so ankommen. Aber als
Wissenschafter geht es mir nicht darum,
Wohlwollen zu erzeugen. Ich möchte präzise*

und analytisch beschreiben, was das Problem ist. «Symbolische Ersatzhandlungen» trifft schon ziemlich gut, was da passiert.

Was genau meinen Sie damit?

Schauen Sie sich etwa die CO_2-Kompensations-Zertifikate an. Sie sind beliebt, weil man trotzdem ins Flugzeug steigen und nach Thailand reisen kann, anstatt zu Hause zu bleiben. Man weiss um den Klimawandel, man will auch etwas dagegen tun. Aber man macht nur so viel, dass es nicht weh tut. Hauptsache, es wirft das eigene Leben nicht über den Haufen.

Warum ist das so?

Wir Menschen legen uns die Dinge so zurecht, dass wir uns wohlfühlen – etwa dann, wenn wir klimaschädliches Verhalten mental mit guten Taten verrechnen. Dabei zeigt sich, dass wir grünes Verhalten dann an den Tag legen, wenn es möglichst wenig kostet und nicht allzu unbequem ist. Wir leben aber auch in Strukturen, die es uns häufig gar nicht erlauben, uns in einer für das Klima

angemessenen Weise zu verhalten. Unsere
Gesellschaften sind ja so eingerichtet, dass
unser Leben mit hohem Energieverbrauch
verbunden ist.

Trotzdem gibt es nicht zuletzt wegen des
Drucks der Konsumenten mehr Bioprodukte.
Unternehmen sind gezwungen, in
erneuerbare Energien zu investieren oder in
biologisch abbaubare Verpackungen. Das war
v**or 20 Jahren noch anders.**

Ich behaupte ja nicht, dass nichts geschehe.
Mein Punkt ist einfach: Es genügt nicht.
Zumal die ökonomische Entwicklung in Asien
und Afrika in den nächsten Jahrzehnten enorm
Fahrt aufnehmen wird. Für den
Lebensstandard ist das gut, es wird viele
Menschen aus der Armut führen. Aber es führt
halt auch zu einer massiven Zuspitzung des
Klimaproblems.

Okay, was also dann? Brauchen wir eine Revolution? Oder die Rückkehr der Planwirtschaft?

Ich tue mich schwer damit, einfache Lösungen zu propagieren. Bei sehr linken Autoren heisst es, der Moment sei gekommen, um den Kapitalismus abzuschaffen.

Nach dem Slogan «System change – not climate change»?

Die Frage ist ja auch berechtigt angesichts der Klimaentwicklung. Aber man muss dann auch fragen: Wie soll das ein umsetzbarer Plan sein? Wo sind die Akteure, die den radikalen Systemwechsel überhaupt realisieren können – und danach eine effektive Klimapolitik betreiben, weltweit?

Eine Utopie also?

Für mich sind das Träumereien. Es gibt zwar gute Gründe, weshalb es weniger Wachstum und weniger Konsum brauchte. Aber wenn man politisch darüber nachdenkt, gibt es keine Mehrheiten, um das durchzusetzen. Eine realistische Klimapolitik darf sich deshalb nicht solchen Träumereien hingeben, die zu nichts führen. Sie muss vielmehr schauen, was möglich ist, und sich darauf fokussieren.

Fokussieren wir uns also auf das Mögliche. Auf das, was breiter abgestützt ist: das grüne Wachstum. Es besagt: Wir müssen nicht groß verzichten, sondern einfach klimaneutral konsumieren. Klingt gut.

Das tut es. Aber die Maßnahmen reichen bei weitem nicht aus. Machen wir weiter wie bisher, steigen auch die Emissionen bis Ende des Jahrzehnts erheblich weiter an. Für eine wirkliche grüne Transformation müssten wir die Ausgaben für den Klimaschutz verdreifachen. Als nachdenklicher Realist sage ich: Der Weg ist richtig, aber wir investieren zu wenig.

Ich versuche einmal, ein positiver Realist zu sein: Der Ausbau von Lieferanten erneuerbarer Energie schreitet voran, es gibt immer mehr Elektrofahrzeuge,

Photovoltaikanlagen, Hauseigentümer, die auf Wärmepumpen umsteigen.

Wissen Sie, als ich an meinem Buch gearbeitet und Artikel über tolle Entwicklungen gelesen habe, fragte ich mich manchmal: Schreibe ich vielleicht das falsche Buch? Das Glas ist doch halb voll. Aber wenn man genauer hinschaut, sieht man, wie viel in diesen Beschreibungen leere Versprechen sind – oder Kleinsterfolge, die hochgejubelt werden.

Vielleicht sind Sie einfach zu pessimistisch. Schliesslich hat die Welt schon beim FCKW-Verbot gezeigt, dass sie Umweltprobleme global lösen kann.

Das ist ein interessanter Vergleich, der kommt immer wieder. Aber er ist leider nicht zutreffend. Das FCKW-Problem war weitaus weniger komplex. Es ging um das Verbot einer einzigen Chemikalie. Sie kauften sich einfach einen neuen Kühlschrank, und das war's. Hier waren nicht ganze Volkswirtschaften mit ihren zentralen Infrastrukturen infrage gestellt.

Fassen wir zusammen: Die Wirtschaft zu schrumpfen, ist nicht realistisch und das grüne Wachstum zu langsam. Auf die Macht des Konsumenten können wir nicht zählen. Bleibt nur noch Fatalismus.

Ich kann es gut verstehen, wenn man zu diesem Schluss kommt. Aber es ist überhaupt nicht meine Reaktion. Ich sage: Wir müssen diese Situation als Realität anerkennen. Es wird zu einem weiteren erheblichen Temperaturanstieg kommen.

Wir brauchen also eine Klimaanpassung anstatt die Bekämpfung des Klimawandels?

Wir brauchen beides, denn der Klimawandel geht ja immer weiter. Wir sollten so viel gegen die Erderwärmung tun wie nur irgendwie möglich. Gleichzeitig müssen wir uns darauf einstellen, mit der Erwärmung zu leben.

Wie soll das gehen?

Einerseits indem wir Unternehmen mehr Anreize geben, um in grünes Wachstum zu investieren. Andererseits braucht es die

Zivilgesellschaft. Die Bürger sollen aktive Akteure sein und nicht Opfer von Klimaentscheidungen der Regierungen. Ich sehe aber gerade etwas anderes: eine grosse Verdrängung des Themas. Das fängt beim besagten Fatalismus an und hört bei der angeblichen Klimalüge auf. Der soziale Sprengstoff ist riesig.

Ich kann Ihnen hier nicht widersprechen. Wir sehen bei diesem Thema eine starke Polarisierung. Aber es gibt auch andere Entwicklungen. In einem kleinen Dorf im deutschen Bundesland Rheinland-Pfalz hat sich der Gemeinderat einstimmig dafür entschieden, eine neue, innovative Heiztechnik für das ganze Dorf zu bauen. Dennoch schreiben Sie selbst, dass der soziale Stress durch eine erwärmte Erde stärker werden dürfte. Was meinen Sie damit?

Extremes Wetter, der Anstieg des Meeresspiegels, all das bringt massive Zerstörungen mit sich. Mit der Klimaerwärmung sind existenzielle Verluste verbunden. Das führt zu Konflikten. Zu Verteilungskämpfen.

Fassen wir zusammen: Wir sind geliefert, also leben wir damit.

Nein, das wäre genau der Fatalismus, den ich zurückweisen möchte. Wir müssen uns auf die Erderwärmung einstellen, aber gleichzeitig die Optionen nutzen, die uns bleiben: Die Investitionen in grünes Wachstum verdreifachen und Klimamaßnahmen nicht von oben herab bestimmen, sondern viel stärker unter Einbeziehung der Bevölkerung entstehen lassen.

Sie haben die Hoffnung also noch nicht verloren?

Für meine Kinder und zukünftige Generationen hoffe ich, dass wir bis ins Jahr 2100 Lösungen gefunden haben. Dass sich also die Dinge vielleicht doch anders entwickeln, als wir es heute annehmen müssen. Das ist natürlich eine sehr vage Hoffnung – etwas herbeizusehnen, wofür es

eigentlich keine hinreichenden Hinweise gibt.
Es ist eine Hoffnung, um nicht in Verzweiflung
zu geraten. Eine Hoffnung, die ich am Ende
nicht begründen kann.

Eine letzte Hoffnung, weil sonst nichts
bleibt?

Es hat etwas Existenzialistisches, das ist
sicher so. Aber es geht gerade auch darum,
dass wir die kleinen Punkte suchen, wo wir
noch Licht sehen – und gleichzeitig die
unabwendbare Klimaerwärmung annehmen.

https://www.nzz.ch/gesellschaft/interview-beckert-klimawandel-
ld.1820916
Aufruf 08/2024Kein Grund zur Panik

Diese Expertise klingt doch gut. Nein?
Stimmt. Denn subsumiert man Äußerungen
der verschiedensten sogenannten Klimaräte
steuern wir düsteren Zeiten entgegen.
Um die Angelegenheit noch weiter zu
untermauern eine weitere Expertise.

Dieser Sommer hatte es in sich: Hitzewellen und Waldbrände, Überschwemmungen und Erdrutsche, Tornados und Stürme - und zwar quer durch Europa. All diese Wetterextreme haben einen gemeinsamen Auslöser: den menschengemachten Klimawandel.
Alles halb so schlimm? Waren die Sommer nicht auch früher schon heiß und haben die Wälder nicht immer wieder mal gebrannt? Und ist es nicht sowieso längst zu spät, um den Klimawandel zu stoppen? Irrglauben wie diese weit verbreitet - aber leicht zu entkräften: Wir haben Studien und Erkenntnisse aus der Wissenschaft zusammengetragen, die einige der gängigsten Falschbehauptungen widerlegen.

War das Klima nicht immer schon im Wandel?

Ja, das Klima hat sich auch in der Vergangenheit verändert – allerdings wird die derzeitige rasche Erwärmung durch den Ausstoß der Treibhausgase (mit)verursacht und bewirkt, dass es in wenigen Jahrzehnten wärmer sein kann als in der letzten großen natürlichen Wärmeperiode, der Zwischeneiszeit. Damit kann auf der Erde ein Klima entstehen, wie es in der letzten Million Jahre nicht der Fall war.

Die Erhöhung von CO_2 und anderen Treibhausgasen in der Atmosphäre ist in dieser Geschwindigkeit beispiellos in der Erdgeschichte.

In den vergangenen Millionen Jahren schwankte das Klima zwischen Eiszeiten und Warmzeiten, sogenannten glazial-interglazial-Zyklen, mit einer Periode von etwa 110.000 Jahren. Damit einher gingen das Wachstum und Schrumpfen massiver Eisdecken. Vor etwa 10.000 Jahren endete die letzte Eiszeit. Durch das als Eis gebundene Wasser, lag der Meeresspiegel damals etwa 130 Meter unter dem heutigen Niveau. Die globale Durchschnittstemperatur betrug rund fünf Grad weniger. Das Ökosystem des Planeten konnte sich an die neuen Gegebenheiten anpassen.

Ganz anders in den vergangenen 150 Jahren: In diesem kurzen Zeitraum hat sich die globale Mitteltemperatur um etwa 1 Grad Celsius erhöht. Der starke und schnelle Anstieg ist durch die sogenannte anthropogene Erwärmung erklärbar – also durch die Erwärmung, die der Mensch verursacht. Die Erhöhung von CO_2 und anderen Treibhausgasen in der Atmosphäre ist in dieser Geschwindigkeit beispiellos in der Erdgeschichte. Ökosysteme haben bei einem solch schnellen Tempo, kaum Möglichkeiten, um sich anzupassen

Umweltaktivist M. Shellenberger hält die erwarteten Folgen des Klimawandels für übertrieben. Der Süden brauche billige Energie zur Entwicklung.

20th Century Fox„ Bereits jedes fünfte britische Kind hat Albträume über den Klimawandel. "

Lesen Sie diesen Artikel auch auf Russisch.

Das Interview führte Nikolaos Gavalakis.

In Ihrem neuen und ziemlich kontroversen Buch „Apocalypse Never: Why Environmental Alarmism Hurts Us All" argumentieren Sie, die Folgen des Klimawandels würden extrem überbewertet. Wie sind Sie zu dieser Schlussfolgerung gekommen?

Seit über dreißig Jahren bin ich Umweltaktivist. Ich würde lieber weniger Klimawandel sehen als mehr. Sicherlich werden die Gefahren des Klimawandels mit steigenden Temperaturen höher. Allerdings sind die Aussagen, die in den letzten Jahren über den Klimawandel gemacht wurden, massiv übertrieben. Ich glaube, dass sie für die Menschen in dem Sinne schädlich sind, dass sie Angst und Depressionen fördern. Bereits jedes fünfte britische Kind hat Albträume über den Klimawandel.

Eine der Sorgen ist, dass der Klimawandel zu mehr Naturkatastrophen führt. Laut dem Weltklimarat IPCC bezieht sich der Begriff der Katastrophe auf die Folgen extremer Wetterereignisse für Menschen und Eigentum. Ein Hurrikan, der niemandem schadet, ist keine Katastrophe. Also wurden

Naturkatastrophen insofern, dass die durch sie verursachten Todesfälle in den letzten hundert Jahren um 90 Prozent zurückgegangen sind, nicht schlimmer, sondern besser. Die Menschen wurden ihnen gegenüber sehr viel widerstandsfähiger, was teilweise an einfachen technologischen Lösungen wie Wettervorhersagen, Windschutz und besserer Infrastruktur – beispielsweise in Südasien – liegt.

Das zweite ist, dass wir uns mitten in einer Erdgasrevolution befinden – hauptsächlich durch Offshore-Gasförderung, aber auch durch Fracking in den Vereinigten Staaten. Dies bedeutet, dass wir viel günstiges Erdgas haben, das nur halb so viel Kohlenstoff emittiert wie Kohle. Daher ist es unwahrscheinlich, dass unsere Temperaturen um mehr als drei Grad Celsius ansteigen. Bei der Vorhersage zukünftiger Temperaturen herrscht eine große Unsicherheit. Grundsätzlich gilt, wenn man die atmosphärische Konzentration von CO_2 von 280 Teilen pro Million auf 560 verdoppelt, *erhöhen sich die Temperaturen dadurch um einen Wert, der zwischen zwei und 4,5 Grad liegt. Um wie viel genau, wissen sogar die Wissenschaftler nicht.*

Aber natürlich wollen wir, dass die Temperaturen weniger stark steigen, weil höhere Temperaturen zu mehr Veränderungen führen, an die wir uns gemeinsam mit anderen Arten anpassen müssen. Ich habe die meisten der IPCC-Berichte über den Klimawandel gelesen. Keiner von ihnen sagt Tote voraus. Dies bedeutet nicht, dass der Klimawandel keine Folgen haben wird, aber es ist schwer vorstellbar, dass sich der langfristige Rückgang der Todesfälle durch Naturkatastrophen umkehren wird.

Die einzige Gefahr massiver Todesopfer könnte durch einen Rückgang der Nahrungsmittelproduktion entstehen, allerdings konnten wir unsere Nahrungsmittelüberschüsse in den letzten 200 Jahren dank der Industrialisierung der Landwirtschaft dramatisch steigern. Dafür, dass dies weiterhin passiert, ist es besonders wichtig, dass die armen Länder Zugang zu Bewässerung, Dünger, Traktoren und Ausrüstung bekommen. Eine gewisse Erhöhung der globalen Temperaturen wird die Vorteile von Modernisierung der Landwirtschaft in den armen Ländern nicht aufheben. Dass sich die langfristigen Trends hin zu längerer Lebenserwartung, weniger Toten durch Naturkatastrophen und größeren Nahrungsmittelüberschüssen umkehren, ist kaum zu erwarten.

Höhere Temperaturen und immer mehr Hitzewellen bedeuten, dass sich die Ernten verringern und die Arbeit unter freiem Himmel schwerer wird – insbesondere für verletzliche Bevölkerungsgruppen im Globalen Süden. Sollten wir uns nicht alle so intensiv wie möglich bemühen, dies zu verhindern?

Frankreich beispielsweise litt im Jahr 2003 unter einigen tödlichen Hitzewellen, an denen viele Menschen starben. 2006 gab es dann eine Öffentlichkeitskampagne und <u>andere Maßnahmen</u> zum Schutz derer, die gegen Hitzewellen empfindlich sind. Daraufhin starben weniger Menschen als ursprünglich angenommen. So gesehen sind wir solchen Katastrophen nicht passiv ausgeliefert. Wir können uns auf mehr Niederschläge, längere Waldbrandzeiten und intensivere Hurrikane vorbereiten. Auch wenn sie vielleicht nicht häufiger werden, dann womöglich doch intensiver. Wir können uns auf diese Dinge jedoch vorbereiten.

Was ist mit Ländern, die nicht die gleichen Ressourcen haben wie Frankreich?

Die Menschen in armen Ländern werden bei uns oft als Grund angegeben, etwas gegen den Klimawandel zu tun. Menschen aus der Armut zu befreien ist mir sehr wichtig. Das ist die Mission meines Lebens und meiner Organisation. Ich bin in den Kongo gereist, um zu sehen, wie die Menschen dort leben. Dort haben sie zum Beispiel keine Schutzsysteme gegen Überflutungen. Ich lebe im Hügelland in der Nähe des kalifornischen Berkeley. Wenn es sehr stark regnet, gibt es ein ganzes System, um das Wasser über Kanäle von meinem Haus wegzuleiten, damit *es nicht überschwemmt wird. Im Kongo, wo es heftig regnet, werden die Häuser der Menschen dagegen überflutet. Wenn sich das Klima verändert, können wir vielleicht im Jahr mit fünf bis acht Zentimetern mehr Niederschlag rechnen. Für den Kongo ist diese Zunahme beim Niederschlag allerdings nicht das Hauptproblem. Entscheidender ist, dass sie dort keine Systeme gegen Überflutung haben. Das gleiche gilt für die Landwirtschaft. Als ich eine kongolesische Subsistenzbäuerin traf, hatten am Vortag gerade Paviane ihre Süßkartoffeln gefressen. Die Menschen und ihre Ernte sind den natürlichen Elementen dort bereits jetzt sehr stark ausgeliefert. Entscheidend dafür, ob es im Kongo Nahrungsmittelüberschüsse gibt oder nicht, ist, ob die Menschen dort Bewässerung, Traktoren oder Dünger verwenden und Zugang zu Straßen und all den anderen Dingen haben, die man für eine moderne Landwirtschaft benötigt. Die überproportionale Aufmerksamkeit, die die reichen Länder auf den Klimawandel richten, ist etwas irreführend, wenn es doch*

hauptsächlich darum geht, ob die Welt über
ausreichend Infrastruktur verfügt. Es gibt
keine Wissenschaft, die die Idee vertritt, der
Klimawandel werde zu massenhaften
Hungersnöten führen. Ob arme Länder über
Nahrungsmittelüberschuss verfügen oder
nicht, ob sie unter erheblichen
Überschwemmungen leiden oder nicht und ob
Menschen an Hitzewellen sterben oder nicht,
hängt vor allem davon ab, ob sie sich
wirtschaftlich entwickeln, und dafür brauchen
sie billige Energie.

Sie kritisieren den Ansatz der „nachhaltigen Entwicklung" der Industrieländer in Entwicklungsländern. Beispielsweise wird die Europäische Investitionsbank (EIB) bis 2021 keine Kredite mehr für fossile Energieprojekte vergeben. Warum sollte dies schlecht sein?

Sie fragen, warum es schlecht sein sollte, dass
reiche Länder armen Ländern die Grundlage
für ihren Wohlstand wegnehmen? Die meisten
ethischen Systeme enthalten einen Vorsatz,
dass wir keine anderen Menschen verletzen

253

sollen. Deutschland, Frankreich und alle
anderen von uns hängen von fossilen
Energieträgern und modernen Energien ab.
Jetzt sagt die EIB, dass sie in armen Ländern
wie Mosambik und Kongo keine
Stromerzeugung aus Erdgas mehr finanziert.
Deutschland selbst setzt massiv auf Erdgas
und Kohle. Wenn die armen Länder billige, im
Überfluss vorhandene fossile Energien nutzen
wollen, sollten sie dazu in der Lage sein. Die
Europäer sollten sie nicht daran hindern.

Heute ist es viel schwerer, sich wirtschaftlich
zu entwickeln, als im 18. oder 19.
Jahrhundert. Stellen Sie sich vor, Kongo oder
Mosambik wollten mit China konkurrieren –
beispielsweise in der Herstellung von Waren.
Wir sollten es ihnen nicht noch erschweren,
indem wir darauf bestehen, dass sie teure
Energie nutzen.
Institutionen wie die Weltbank leiten jetzt im
Grunde all das Geld, das wir früher für
Entwicklung – Straßen, Stromversorgung,
Überschwemmungsschutz, Staudämme –
ausgegeben haben, in Dinge wie
Demokratieseminare, biologische
Landwirtschaft, Solarzellen auf Hütten und

Speicherbatterien um, die nicht genug Energie liefern, um damit produzieren zu können. Will man arme Länder arm lassen, muss man nur die momentane Politik der europäischen Entwicklungsdienste fortführen. Dies finde ich unethisch und ganz klar scheinheilig.

Hatte Europa das Recht, zwischen 900 und 1900 den europäischen Kontinent zu roden? Alle reichen Länder wurden dadurch reich, dass sie ihr Land entwaldeten, um Landwirtschaft zu betreiben und fossile Energien zu nutzen. Jetzt, wo wir dies getan haben, treten wir den anderen die Leiter weg. Wir sagen ihnen, so reich zu werden wie wir ist unmoralisch.

Reiche Menschen gehen häufig durch manche der ärmsten Gebiete der Welt – mit ihren Tausend-Dollar-Kameras und Fünfhundert-Euro-Rucksäcken – und sagen: „Oh, hoffentlich machen diese Menschen nicht dieselben Fehler wie wir." Dies ist eines der herablassendsten Dinge, die ich von Menschen in reichen Ländern höre. Hier können wir mit Düsenjets um die Welt fliegen. Ich finde das abstoßend, und ich glaube, es spiegelt eine Art religiösen Eifer der Menschen wider. Diese Idee, dass arme Menschen klein gehalten werden sollten, ist weder christlich noch aufgeklärt. Nach dem Zweiten Weltkrieg sagten alle, wir hören damit auf, Kolonialisten zu sein. Also sollten auch die Afrikaner eine moderne Infrastruktur bekommen können.

Der Grüne Wandel scheint heute der Weg nach vorn zu sein. Die EU hat ihren Europäischen Grünen Deal vorgeschlagen, Joe Biden hat seinen Plan für saubere Energien vorgestellt. Sie selbst haben sich in der Vergangenheit für erneuerbare Energien eingesetzt. Ihr Buch liest sich allerdings eher wie ein Kreuzzug gegen erneuerbare Energien. Warum sind Sie so skeptisch?

Die Erneuerbaren waren der Treibstoff der vorindustriellen Völker. Europa konnte von der Holzverbrennung nur dadurch wegkommen, dass es fossile Energien in Form von Kohle verwendete. Ohne Kohle hätte es keine industrielle Revolution gegeben. Das Problem mit den modernen Erneuerbaren ist *das gleiche wie mit den primitiven: Die Energiedichte der Träger, in diesem Fall Sonne und Wind, ist zu gering. Um dieselbe Menge Strom aus einer Solarfarm zu gewinnen wie aus einem Gas- oder Kernkraftwerk, ist letztlich über 400-mal so viel Land erforderlich.*

Industrielle Windkraftanlagen sind aus einem anderen Grund schädlich: Ihre Rotoren töten Insekten, Fledermäuse und Vögel, was erhebliche ökologische Probleme verursacht. Wenn uns etwas an der natürlichen Umwelt liegt, müssen wir unsere Energieerzeugung und Landwirtschaft verdichten und dürfen sie nicht auf immer größere Flächen ausdehnen.

Der Wunsch nach erneuerbaren Energien stammt aus einem romantischen Naturverständnis. Es wird angenommen, Solarparks und industrielle Windkraftwerke seien natürlicher als Erdgas oder Kernkraftwerke. Dies ist offensichtlich Blödsinn, da Solarzellen und Windgeneratoren genauso künstlich und unnatürlich sind. Diese industriellen Erneuerbaren wurden im Namen

des Naturschutzes gefördert, hatten aber in
Wirklichkeit einen zerstörerischen Einfluss auf
die Landschaft und die Tierwelt.

In Ihrem Buch kritisieren Sie den Weg, den
Deutschland gegangen ist. Das Land wird bis
2022 seine Kernkraftwerke und spätestens
bis 2038 seine Kohlekraftwerke abschaffen.
Letztes Jahr hat erstmals der Anteil der
Erneuerbaren an der Nettostromerzeugung
den Anteil der fossilen Energieträger
übertroffen, und es gab immer noch einen
Exportüberschuss an Elektrizität. Die
Wirtschaft wuchs trotzdem um 0,6 Prozent.
Ich sehe in diesem Ansatz kein Problem.
Sehen Sie eins?

Aber ja. Betrachten wir Frankreich und
Deutschland, die man gut vergleichen kann.
Der deutsche Strom ist zehnmal so
kohlenstoffintensiv wie der französische. Die
Deutschen geben 1,7-mal mehr für ihren
Strom aus als die Franzosen. Offensichtlich ist
Frankreich größtenteils nuklear aufgestellt,
während Deutschland die Kernkraft abschafft
und die Erneuerbaren fördert. Kein Land in

der Welt hat so stark auf erneuerbare Energien gesetzt wie Deutschland. Allerdings ist die Stromrechnung der Deutschen in dieser Zeit um 50 Prozent gestiegen. Es wird erwartet, dass das Land bis 2025 über 500 Milliarden Euro für erneuerbare Energien und ihre Infrastruktur ausgibt. Ich glaube, Deutschland ist der Beweis dafür, dass eine moderne Industriegesellschaft nicht mit erneuerbaren Energien betrieben werden kann.

Wäre dieser Betrag in die Kernkraft geflossen, hätte er die fossilen Brennstoffe im Strommix völlig ersetzt und könnte für das gesamte Transportwesen emissionsfreien Strom liefern. 2019 hat Deutschland 42 Prozent seiner Elektrizität aus Windkraft, Solarenergie und Biomasse gewonnen. Allerdings ist der Ausbau der Windenergie im Land zum Stillstand gekommen. Grund dafür ist der Widerstand auf lokaler Ebene, der sich auf das deutsche Artenschutzgesetz beruft, weil die Folgen der Windkraftanlagen so erheblich sind. Von den 7700 Kilometer neuen Stromtrassen wurden nur acht Prozent gebaut. Letztes Jahr erschien erst im Spiegel eine große Titelgeschichte darüber, dass der Windboom vorbei sei.

<u>Vaclav Smil, der als einer der weltgrößten Energieexperten gilt, hat ausgerechnet, dass der Übergang hin zu hundert Prozent erneuerbarer Energie bedeuten würde, die Fläche, die wir in den reichen Ländern zur Energieerzeugung verwenden, von etwa einem halben Prozent auf 25 oder gar 50 Prozent zu</u> erhöhen. Dafür, was Erneuerbare leisten können, gibt es also inhärente physische Grenzen.

Deutschland ist vielleicht das größte Ingenieurland der Welt. Wenn jemand überhaupt hundert Prozent Erneuerbare verwirklichen kann, dann die Deutschen, und sie haben es nicht geschafft, weil Wind und Sonne so unverlässlich sind. Man braucht diese riesigen Überlandleitungen und erhebliche Backup-Kapazitäten. Die neue Mode ist jetzt Wasserstoff, aber jedes Mal, wenn man Energie umwandelt, also Strom in Wasserstoff und zurück, muss man erhebliche

Verluste in Kauf nehmen. Und dies betrifft nur den Strom, der etwa ein Drittel der Primärenergie ausmacht. Die anderen zwei Drittel werden für Transport, Kochen und Heizen verwendet. Ich glaube, Deutschland ist der Beweis dafür, dass eine moderne Industriegesellschaft nicht mit erneuerbaren Energien betrieben werden kann.

Die meisten Menschen – insbesondere in Deutschland – betrachten Kernkraft als Gefahr für die öffentliche Sicherheit. Sie hingegen bezeichnen die Angst davor als irrational. Verstehen Sie angesichts der Katastrophen in Tschernobyl und Fukushima vor weniger als zehn Jahren in einem Industriestaat nicht, dass die Leute Angst haben?

Ich denke, die Leute machen sich darüber Sorgen, weil sie eine irrationale Angst vor Nuklearenergie haben. In meinem Buch argumentiere ich, dass die irrationale Nuklearangst aus der Sorge über Atomwaffen stammt, die völlig rational ist. Vor Atomwaffen sollte man Angst haben. Das ist die Art, wie sie funktionieren. Deshalb sind sie so effektiv, Länder wie Indien und Pakistan von einem Krieg abzuhalten.

So entstand der Wunsch, Atomwaffen überall abschaffen zu wollen, und dies beeinflusst unsere Wahrnehmung von Nuklearreaktoren und Nuklearunfällen. An der Strahlung aus Fukushima wird niemand sterben. Und es scheint, dass an der Katastrophe in Tschernobyl über etwa 80 Jahre hinweg etwa 200 Menschen sterben werden – weniger als 50 an dem Unfall direkt, und der Rest an Schilddrüsenkrebs, der zwar normal tödlich ist, aber auch leicht behandelt werden kann. Normalerweise sterben die Menschen daran in hohem Alter.

Es ist eigentlich unglaublich, dass diese Unfälle einen vergleichsweise so geringen Effekt auf das menschliche Leben hatten – beispielsweise im Gegensatz zu Chemieunfällen: Einem Unfall im indischen Bhopal sind umgehend tausende von Menschen zum Opfer gefallen. Und auch wenn eine Ölraffinerie oder Erdgasleitung explodiert, sterben sofort Menschen. Bei der Kernenergie sieht man ein interessantes Paradox: Obwohl es eine viel mächtigere Energieform ist als die Verbrennung petrochemischer Energieträger, hat sie tatsächlich geringere Auswirkungen auf das menschliche Leben.

Berücksichtigt man, dass Nuklearenergie ein Ersatz für fossile Brennstoffe ist, die über die Verschmutzung der Luft das Leben der Menschen verkürzen, hat sie letztlich bereits über zwei Millionen Leben gerettet, indem sie diese Verschmutzung verhindert hat. Einer ihrer Vorteile ist, dass wir mit ihr die ökologischen Folgeschäden der Energieerzeugung beinahe auf Null reduzieren können.

Aus dem Amerikanischen von Harald Eckhoff.

https://www.ipg-journal.de/interviews/artikel/kein-grund-zur-panik-4531
Aufruf 08/2024

Historisch gesehen befinden wir uns in bester Gesellschaft. Alle hochkomplexen Kulturen, für mich angefangen bei den Germanen, Römern, Ägyptern, Sumerer bis hin zu Azteken, Mayas und Inkas erstrahlten im hellen Scheine der kometenhaft aufgestiegenen Kulturen, hatten ihre Wetterprobleme um dann wie eine Sternschnuppe am kulturellen Himmelsfirmament zu verglühen. Die einen eher, die anderen später! Warum? Weil Faulheit, Verblödung Trägheit und Egoismus sie schließlich zu Fall brachten. Weil ihre Borderline anmutenden fantastischen Visionen sie kollabieren ließen und ihre neurotischen Auswüchse ihren Geist völlig in die Verstumpfung trieb. Weit hergeholt? Nein! Warum? Weil sich analoges heute in unseren Kulturen, und hier speziell den westlichen, wiederholt.

Zunehmende Globalisierung, Digitalisierung, Technisierung und wahnwitzige Industrialisierung, ein Bildungssystem das auf dem Niveau einer Förderschule basiert, tun ihr übriges. Scheinbar ökologische Politiker die meinen, einmal wöchentlich ein Smoothie zu trinken reiche aus um gesund zu bleiben und im gleichen Atemzug verkünden, der

Dieselmotor sei an allem Schuld. Genau die selben, die erst die Kuhmägen für den rasanten Anstieg der Methanwerte verantwortlich machten, um dann festzustellen, das dafür riesige Methanfelder am Nordpol verantwortlich sind.

Politiker (und die Gesellschaft) die vor vierzig Jahren nach mehr Pflegekräften und einer damit einhergenden besseren Bezahlung riefen, tun das selbe noch heute. Ist das etwa nicht Verdummung? Ist es Verblödung oder brutales soziales Kalkül, das Menschen in Pflegeheimen teils unter unmenschlichen Bedingungen eine sogenannte *Pflege* erfahren ?

Wie geistig abgestumpft muß ein System sein, das seinen schwächsten Gliedern u.U. 4000,-- Euro monatlich abknöpft, um vier mal täglich eine Pampers gewechselt zu bekommen und drei mal täglich eine Mahlzeit auf Pommes-frites-Buden Niveau serviert zu bekommen ?

Wie verblödet ist eine Kultur, die sog. Heilkundigen Unsummen von Geld in ihren nimmersatten Schlund scheffelt, Heilkundigen, die noch nicht mal erklären können, warum eben jemand Schweißfüße hat und der andere nicht? Allenfalls handelt es sich um eine Medizin, die schon längst vor den

Erfordernissen der Natur kapituliert hat und Manier alter Ersatzteile bedient, hier Transplantationen, statt mal den eigenen Grips zu fordern? Aber dies ist natürlich viel lukrativer und weniger anstrengend, da das verblödete Gesundheitssystem ja zahlen wird!!

Was Wissenschaftler so alles treiben konnte ausführlich dargestellt werden. Darauf würde ich mich persönlich nicht verlassen. Verlassen sie sich auf ihr Gespür, auf ihre ganz persönliche und individuelle Ansicht. Mehr ist nicht zu sagen. Das kulturelle Geschwätz von der kollektiven Meinung ist und bleibt barer Unsinn.

Die breite Masse des Volkes wird **gewollt** im kulturellen Korsett des Staates in *„Schach"* gehalten. Nur so lässt sich regieren, das Volk verblöden und Faulheit, Trägheit und Egoismus, als Mit-Symptom einer Demokratie, aufrecht erhalten.

Von der einst gedachten Form der Demokratie der Alten sind wir weit entfernt. Dazu gehört mehr als ein marodes Sozialsystem und Meinungsfreiheit, die auch nur unter bestimmten Prämissen gilt. Längst kann man in diesem Land nicht mehr ungeschminkt seine Meinung sagen. Der sozio-kulturelle Schleier der Verblödung ist auch hier voll ausgebreitet.

Was in früheren Zeiten noch als unanständig oder höchstens grober Unfug galt, ist heute überwiegend kriminalisiert worden und mit Strafe belegt. Staatliche Reglementierungen die den Bürger erziehen sollen, verfehlen ihre Wirkung. Dabei ist es doch alte gute anerkannte soziologische Weisheit, das sich in Gesellschaften und Kulturen auch Parallelwelten und Parallelkulturen bilden, bilden müssen, um ein Gleichgewicht zu erhalten. Warum also die Aufregung? Demokratie lebt doch von Meinungswechsel und Diskussion, oder etwa nicht?

"Es dauern die Staaten nur so lange, als es einen herrschenden Willen gibt, und dieser herrschende Wille für gleichbedeutend mit dem eigenen Willen angesehen wird. Es kann sich der Staat des Anspruchs nicht entschlagen, den Willen des Einzelnen zu bestimmen, darauf zu spekulieren und zu rechnen. Für ihn ist's unumgänglich nötig, daß Niemand einen eigenen Willen habe; hätte ihn Einer, so müßte der Staat diesern ausschließen (einsperren, verbannen usw.); hätten ihn Alle, so schafften sie den Staat ab."
Max Steiner Der Einzige und sein Eigentum, Stuttgart 1972, Seite 214

Wie infantil mutet es an, wenn von ökologischen Politikern und ihren Parteien eine desolate Ökobilanz präsentiert wird, mit der Androhung, ab dem Jahre 2035 nur noch leise vor sich hin schnurrende Elektroautos auf bundesdeutschen (und welch größenwahnsinniges Traumgespinst) und weltweiten Straßen fahren zu lassen.

Mit dem Hinweis auf den Klimawandel, der aber wenn überhaupt vom Menschen allenfalls nur peripher mit verursacht wird, können wir uns dann alle Autos von etwa 50.000 Euro Anschaffungspreis kaufen um somit stundenlang vor einer Stromzapfstelle stehen und dann nochmals einige Stunden warten, bis das Auto genügend Strom getankt hat um dann vielleicht gute 200 Kilometer fahren zu können bis zur nächsten Zapfstelle. Grob gesagt.

Dann werden bei den ungerechten und desolaten Löhnen die in Deutschland zum großen Teil gezahlt werden, wohl demnächst nur noch einige tausend Mitbürger mit dem Auto unterwegs sein; der andere Teil dann kann endgültig auf Fahrrad, ÖPNV oder Roller umsteigen. Ein tolles ökologisches Kalkül. Finden sie nicht auch? Umweltschutz in Reinform!

Wie geistig umnachtet muß eine Politik sein die glaubt , man könne viele Staaten in ein synbiotisches Korsett zwängen und hoffen alles ginge gut.?

Die Europäische Union, jenes Gebilde, emporgestiegen aus den Untiefen des menschlichen Geistes und seiner illusionären Sehnsucht nach Gemeinschaft und Geborgenheit, wird dann wie immer eines Besseren belehrt. Massenarbeitslosigkeit, soziale Unruhen, horrende Schulden, Terrorismus ohne Grenzen und Waffenhändler die sich freudig die Hände reiben, sind da nur noch die harmlosesten Nebenwirkungen, die von kindischem Gezänke, wer denn wie viele Flüchtlinge aufnehmen will und kann, abgerundet wird. Und nun auch noch der Krieg in der Ukraine; zunehmende Umweltkatastrophen, Erdbeben, Überflutungen, Corona. Und und und,

Quo vadis, Domine? Wie soll es enden?

Man stelle sich nur einmal vor, ein Landwirt der es mit seinen Tieren gut meint und ihre soziale Empathie stärken möchte, dass sie nicht so alleine wären und er, der Bauer, Einsparungen tätigen könnte hinsichtlich weniger Ställe und Stellplätze. Dann umbaut er eine riesige Feldfläche mit einem Zaun und platziert auf dieser Fläche Schweine, Pferde, Hühner, Ziegen, Schafe, Kühe und noch ein paar Esel und Alpakas dazu. Und fertig ist die Arche Noah, Wie wir aber heute wissen, war sie nur eine begrenzte Zeit unterwegs. Globalisierung zum günstigen Schnäppchenpreis gibt es nicht.

Wie albern mutet es an, wenn Politiker dem empörten und wütenden Volk erklären wollen, warum es einen sogenannten *Islamischen Staat* gibt?

Die angeblich aus heiterem Himmel stammende Miliz begründet sich auf einem primitiven Rachegedanken eines US-amerikanischen Präsidenten namens Bush, der 2003 einer Kurzschlußhandlung unterlag und meinte, einen **vergleichsweise** harmlosen irakischen Machthaber namens Saddam Hussein reglementieren zu müssen und ihn dann noch zu töten. Wohl *bar jeglicher Kenntnis* über religiöse und theologische Auswirkungen wurde dann auf den vermeintlichen Aggressor eingedroschen, wie einst General George Armstrong Custer am Little Big Horn versuchte, auf die sich ihm entgegengestellten Indianer einzudreschen. Was daraus wurde, ist ja hinlänglich bekannt!

Tod und Verwüstung erzeugt immer neuen Tod und neue Verwüstung. Und wie Phönix aus der Asche erstand eine hasserfüllte, wütende und perspektivlose Antwort auf die Zerstörungswut eines *christlich-abendländisch* geprägten Landes in Form des Islamischen Staates. So einfach ist das. *Trauer und Hass, grenzenlose Wut und Rache* gingen eine todbringende *Allianz* ein, hervorgerufen durch kindliche Rachegelüste und einer völlig verfehlten imperialistischen Politik. Was für eine Verblödung! Das nach nun mehr 75 Jahren nach der Nazizeit eine angeblich, man warte aber bitte erst den Verfassungsschutz-Bericht ab, eine rechtsextreme und nationalsozialistisch angehauchte Partei eine *Alternative für Deutschland* sein soll, muß man sehen und demzufolge abwarten. Wenn aber schon sofort der Nazivergleich herangezogen wird, nur weil hier Menschen ihren Unmut über eine völlig verfehlte Flüchtlingspolitik äußern und keine EU haben möchten und wieder sicher kontrollierte Grenzen besitzen wollen, hat das mit der damaligen NSDAP ebenso wenig zu tun wie Äpfel mit Birnen. Vergleiche hinken, wie man weiß, und unsachgemäße Vergleiche erst recht. Nun muß man ja heute recht vorsichtig sein mit dem, was man sagt und schreibt. Sagt man **Volk** wird man gleich schräg angesehen und muß fast Angst haben, das gleich ein Sondereinsatzkommando der Polizei bei dir auftaucht. Sagt man *WILLKOMMEN FLÜCHTLINGE* kann es dir passieren, das dein Auto in Flammen aufgeht. Dies mögen nur ein paar *kleine tendenzielle* Hinweise sein, was heute unter demokratischer Meinungs-Freiheit verstanden wird. Die Gründungsväter unseres Grundgesetzes würden sich ebenfalls im Grabe umdrehen!! Auch andere Parteienhaben durchaus rechte Ansichten und schämen sich teilweise für gemachte Äußerungen wenig. Z.B. Die Doktorin der Physik und einstige Bundeskanzlerin Angela Merkel die da sagte:

„Ich freue mich, dass es gelungen ist, Bin Laden zu töten. Das ist es, was jetzt für mich zählt."
3. Mai 2011, 18:19 Uhr
http://www.sueddeutsche.de/politik/reaktionen-auf-den-tod-von-osama-bin-laden

Aber auch die Parteikumpane von der anderen christlich orientierten Schwesterpartei der *sozialen Christen (CSU)* wie ihr damaliger Vorsitzender Horst Seehofer zeigten unverhohlen Freude und Erleichterung über den Tod des Al-Kaida Chefs. Womöglich noch mit dem Abbild des gekreuzigten Heilandes im Rücken und seinem erbarmungswürdigen Anblick im

Tode werden solche Äußerungen von *„christlichen"* Politikern getätigt. Dabei ist doch der Messias und Heiland, der Sohn Gottes oder auch die Personifikation Gottes, für uns und unsere *einstigen* und *zukünftigen* Sünden am Kreuze zu Golgatha an zwei Holzpfähle genagelt worden mittels jüdischem Ratschluß und römischer praktischer Umsetzung.

Du sollst nicht töten" , diese Urmaxime des christlichen Glaubens, das fünfte Gebot der Bibel, das Wort Gottes wird missachtet und auch noch gerechtfertigt!

Tötung ist in sich schlecht, auch wenn sie angeblich im Interesse des Gemeinwohls verübt würde: An schuld- und wehrlosen Geistesschwachen und -kranken, an unheilbar Siechen und tödlich Verletzten, an erblich Belasteten und lebensuntüchtigen Neugeborenen, an unschuldigen Geiseln und entwaffneten Kriegs- oder Strafgefangenen, an Menschen fremder Rassen und Abstammung. Auch die Obrigkeit kann und darf nur wirklich todeswürdige Verbrechen mit dem Tode bestrafen".

http://www.kath.de/kurs/kg/21.htm#4
Aufruf 12/22

Na also, wenn das kein Statement ist! Die selbsternannten Stellvertreter des Stellvertreters Gottes auf Erden (Papst!) heißen Tötungen für gut. Punkt.

Aber was, wenn nun Herr bin Laden krank war an Körper und Geist, gar genetische Defekte aufgewiesen hat? Weiß man`s?

Um fortbestehen zu können, muß jede Gesellschaft der Charakter ihrer Mitglieder so formen, daß sie das tun wollen,was sie tun müssen. Ihre soziale Funktion muß zu einem Teil ihrer selbst werden und muß in etwas verwandelt werden, zu dem sie sich getrieben fühlen, und nicht etwas sein, das sie tun müssen. Eine Gesellschaft kann ein Abweichen von diesem Schema nicht dulden, denn wenn dieser soziale Charakter seine zusammenhaltende Festigkeit verliert, werden viele Individuen nicht mehr so handeln, wie man es von ihnen erwartet, und der Fortbestand der Gesellschaft in ihrer gegebenen Form wäre gefährdet."

FROMM / SUZUKI/ de MARTINO, Zenbuddhismus und Psychoanalyse, Frankfurt 1980, Seite 1

Das wir in diesem unseren Land massive Probleme, und nicht erst seit der Ampel-Koaltion oder Herrn TRump haben dürften mittlerweile die meisten zur Kenntnis genommen haben, zumindest die, die kein allzu üppiges Bankkonto aufweisen können und etwas weniger Glück und Zufall hatten als jene, die meinen sie hätten sich alles von alleine aufgebaut, das sogenannte *Self-made.*Ich weiß schon, dass ich mich jetzt wiederhole, aber ich möchte es. Bis zum Erbrechen, wissen Sie noch?

Ohne auch nur ansatzweise Gesichtsröte zu zeigen, behaupten diese Zeitgenossen sie hätten alle ihre Kraft und Ausdauer, Zähigkeit und den Glauben an ihre Vision in harte Arbeit gesteckt um das begehrte Ziel zu erreichen. Zumindest in erbschaftstechnischer Hinsicht sieht das Ganze dann aber doch anders aus. Wie allgemein bekannt, sind ca. 85% des Vermögens (aus Unternehmen, Firmen usw.) einst vom fleißigen Großvater oder Vater an den oftmals größenwahnsinnigen Sohn (oder Tochter oder beide) vererbt und somit in den Sand gesetzt worden, um es vereinfacht auszudrücken. Zahlreiche Insolvenzen und Konkurse großer und mittlerer Unternehmungen sind hier zu nennen und mit entsprechender Recherche, die ich mir hier ersparen möchte, zu belegen. In dieser unserer Kultur zählt nicht mehr Fleiß und Anstand, Pflichtbewusstsein und kollektives Denken, sondern nur noch Glück, Zufall und natürlich der richtige Familienname. Mit Müller oder Meyer im Namen sind heutzutage keine gewaltigen gesellschaftlichen Sprünge zu machen: mit dem Namen Siemens, Bosch oder Krupp, Porsche oder von Anhalt gibt es da schon wesentlich bessere Perspektiven und Aussichten. Nach dem Motto: *Das Volk muß schön brav, satt und ruhig sein,* lässt sich hervorragend Politik machen, die aber längst keine Politik mehr ist.

Was gib es noch zusagen? Ein Schul-und Bildungssystem so wie es momentan in der Bundesrepublik Deutschland existiert, kann keine guten Früchte tragen. Hier lernen Kinder tatsächlich für die Schule und ihre Lehrer, aber nicht für das Leben, dass sie zu kritischen, mündigen und reflektierenden und hinterfragenden Menschen **bilden soll.**

Allenfalls werden gute Gedächtniskünstler herangezüchtet, die alles Mögliche auswendig aufsagen können. Binomische Formeln und die Jahreszahl der Schlacht von Trafalgar sind natürlich wichtiger als konkret zu wissen, wie der spätere Lebensweg klug und intelligent gestaltet werden kann. Sogenannte *Hochbegabte.* deren Matrix uns natürlich noch unbekannt ist, werden das in sich tragen, was wohl **jeder** von uns aufzuweisen hat. Erkannt wird es leider nicht, es sei denn, man hat wieder einmal riesiges Glück und einen noch nicht verblödeten Lehrer vor der Klasse stehen.

Doch der verblödete Bürger kocht sein erbärmliches Süppchen nach wie vor.

Kaum sind die Dilettanten einer Rot-Gelb-Grünen Klüngelei von der politischen Bühne abgetreten hat das Volk schon die nächsten Amateure am politischen Hals, wenn man so will.

Das wohl zukünftige Schwarz-Rote Kasperletheater fängt noch vor seiner Regierungstätigkeit und Kanzlerschaft eines Lehrbuchhaften typischen CDU-Bonzen damit an, Deutschland in eine verheerende finanzielle Situation zu manövrieren.

Aber nur weiter so lieb Vaterland, hebe dir dein eigenes Grab aus.

«Das beste Argument gegen die Demokratie ist ein fünfminütiges Gespräch mit einem durchschnittlichen Wähler.»

Winston S. Churchill, britischer Staatsmann

https://www.watson.ch/schweiz/wissen/895022858-churchill-twain-oder-lincoln-22-boese-zitate-ueber-die-nachteile-der-demokratie
Aufruf 03/25

Notizen

© 2024 JÖRG SPITZER
Verlag: BoD · Books on Demand GmbH,
Überseering 33, 22297 Hamburg, bod@bod.de
Druck: Libri Plureos GmbH,
Friedensallee 273, 22763 Hamburg
ISBN: 978-3-8192-2646-5